À plus ! 1

Vokabel-
taschenbuch

Französisch
für Gymnasien

Cornelsen

W0021174

Liste des mots   Wortliste

Grundschrift: obligatorischer Wortschatz
kursiv: fakultativer Wortschatz

Symbole und Abkürzungen

> ~ bezeichnet die Lücke, in die das neue Wort einzusetzen ist.
> ~¹ Die Fußnote zeigt dir an, dass du auf die Angleichung des Wortes achten musst.
> Die richtige Lösung findest du auf einem grauen Streifen **am Ende jeder Séquence**.
> ▲ Hier musst du besonders gut aufpassen.
> ≠ Gegenteil von

→ Civilisation zeigt dir an, dass du im Petit dictionnaire de civilisation, S. 144–145, weitere Informationen
zu dem Begriff findest.
> → Verbes zeigt dir an, dass du in der Liste des verbes, S. 142–143, die Konjugation des Verbs findest.

etw. etwas	*Pl.* Plural (Mehrzahl)	*fam.* familier (umgangssprachlich)
jdm/jdn jemandem/jemanden	*Pron.* Pronomen	*f.* féminin (weiblich)
f. feminin (weiblich)	*adj.* adjectif (Adjektiv)	*m.* masculin (männlich)
m. maskulin (männlich)	*adv.* adverbe (Adverb)	*pl.* pluriel (Plural)
umg. umgangssprachlich	*conj.* conjonction (Bindewort)	*qc* quelque chose (etwas)
Pers. Person	*prép.* préposition (Präposition)	*qn* quelqu'un (jemand)
Sg. Singular (Einzahl)		

Lerntipps

1. Zum Vokabellernen kannst du dir eine Schablone basteln. Dazu nimmst du ein weißes A4-Blatt hochkant, 5 mm vom oberen Rand entfernt ziehst du eine Linie. Auf dieser Linie markierst du die beiden Punkte, die vom rechten bzw. linken Rand jeweils 7,5 cm entfernt sind. Diese Stellen schneidest du bis zur Linie ein. Nun faltest du die beiden äußeren Teile entlang der Linie nach unten (siehe Zeichnung). Fertig ist die Seite 1, le côté français–allemand. Willst du mit Seite 2, le côté allemand–français, üben, klappst du die Seitenteile einfach wieder hoch und faltest das Mittelteil das entlang der Linie nach unten.

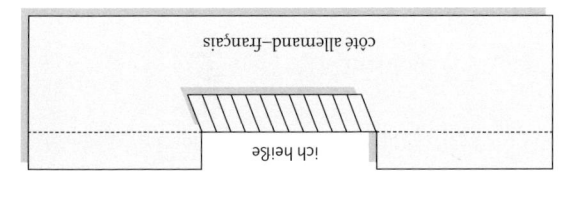

côté allemand–français

ich heiße

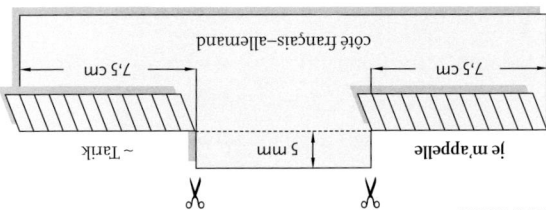

côté français–allemand

je m'appelle

~ Tarik

5 mm

7,5 cm   7,5 cm

So lernst du die Vokabeln mit der Schablone:

Seite 1: français–allemand
Lies das französische Wort. Ergänze den Satz, indem du das neue Wort an die Stelle der Tilde (~) setzt. Übersetze das Wort dann ins Deutsche. Anschließend schiebst du die Schablone nach unten und überprüfst deine Übersetzung.

Seite 2: allemand–français
Mit dieser Seite überprüfst du, ob du die deutschen Wörter auch ins Französische übersetzen kannst. Wenn dir der französische Ausdruck nicht gleich einfällt, schaust du unter der rechten Klappe nach und versuchst dich mit Hilfe des Satzes an den Ausdruck oder das Wort zu erinnern.

2. Viele Wörter kannst du verstehen, wenn du dir überlegst, ob du ein ähnlich lautendes deutsches oder englisches Wort kennst. Lege dir deshalb ein Vokabelheft (Französisch–Englisch–Deutsch) an, in dem du solche ähnlich lautenden Wörter sammelst. Manchmal schreiben sich diese Wörter aber anders oder sie sprechen sich anders aus. Markiere in deinem Vokabelheft also auch immer die Unterschiede, die du beachten musst. Überall, wo dir diese Lupe begegnet, solltest du nach dem entsprechenden englischen Wort suchen oder das angegebene englische Wort in dein Vokabelheft abschreiben.

UNITÉ 1, Approches

la rentrée [laʀɑ̃tʀe]	der Beginn des neuen Schuljahres	
Bonjour! [bɔ̃ʒuʀ]	Guten Tag! / Guten Morgen!	
Monsieur/M. [məsjø]	*Anrede für einen Herrn*	Bonjour, ~.
les enfants [lezɑ̃fɑ̃] *m./f.*	Kinder *Anrede für mehrere Kinder*	Bonjour, les ~.
Mademoiselle/Mlle [madmwazɛl]	*Anrede für eine junge Frau, auch für eine ältere unverheiratete Frau*	Bonjour, ~.
Au revoir. [ɔʀvwaʀ]	Auf Wiedersehen!	
Madame/Mme [madam]	*Anrede für eine Frau*	Bonjour, ~.

⚠ *Im Französischen begrüßt und verabschiedet man sich, indem man dem Gruß noch die Anrede* Madame, Monsieur *oder* Mademoiselle *hinzufügt, ohne aber den Namen zu nennen. Das gilt auch für fremde Personen, z. B. Verkäuferinnen. Wenn du also in Frankreich ein Geschäft betrittst oder eine Bekannte / einen Bekannten triffst, solltest du sie/ihn mit* Bonjour, Madame, Bonjour, Mademoiselle *oder* Bonjour, Monsieur *begrüßen. Ebenso solltest du dich verabschieden, z. B.* Au revoir, Monsieur. *Da in Deutschland diese Art der Begrüßung nicht üblich ist, wird* Bonjour, Madame *entweder einfach übersetzt als* Guten Tag *oder* Guten Tag, Frau Faure, *indem man den Namen hinzufügt.*

Ah! [ɑ]	Ach!, Ah!	
Salut! [saly] *fam.*	Hallo! / Grüß dich! *auch:* Tschüss!	
Ça va? [sava]	Wie geht's? / Geht's dir gut?	
Ça va! [sava]	Es geht (mir) gut.	
À demain! [adəmɛ̃]	Bis morgen!	
À plus! [aplys] *fam.*	Bis später!	

UNITÉ 1, SÉQUENCE 1

C'est qui? [sɛki]	Wer ist das?	
Coucou! [kuku]	Kuckuck! / Hallo!	
C'est toi? [sɛtwa]	Bist du es? / Bist du ...?	~, Lucie?
non [nɔ̃]	nein	
c'est [sɛ]	das ist	
oui [wi]	ja	
C'est moi. [sɛmwa]	Ich bin's. / Das bin ich.	– Manon, c'est qui? – ~.

je [ʒə]	ich *Personalpron. 1. Pers. Sg.*	
Je ne sais pas. [ʒənsɛpɑ]	Ich weiß (es) nicht.	– C'est qui, Nadine? – ~.
Oh! [o]	Oh! / Ach!	
Pardon! [paʀdɔ̃]	Entschuldigung!	
je m'appelle [ʒəmapɛl]	ich heiße → Verbes, p. 142	~ Tarik.
Et toi? [etwa]	Und du? / Und selbst?	
tu [ty]	du *Personalpron. 2. Pers. Sg.*	
tu t'appelles [tytapɛl]	du heißt, Heißt du ...? → Verbes, p. 142	– ~ Paul? – Non, je m'appelle Tarik.
comment [kɔmɑ̃]	wie	– Tu t'appelles ~? – Je m'appelle Lucie.

UNITÉ 1, SÉQUENCE 2

tu es [tyɛ]	du bist *2. Pers. Sg. von* être (sein)	– Tu ~ Pauline? – Oui, c'est moi.
dans [dɑ̃] *prép.*	in	
la classe [laklas]	die Klasse *auch:* das Klassenzimmer	

de [də]	von	C'est la classe ~ Manon.
voilà [vwala]	da ist, da sind; das ist, das sind	~ Monsieur Mirelli.
elle [ɛl]	sie *Personalpron. 3. Pers. Sg. f.*	
est [ɛ]	ist *3. Pers. Sg. von* être (sein)	Elle ~ dans la classe de Paul.
l'ami [lami] *m.*	der Freund	Marc est l'~ de Sophie.
regarde [Rəgard]	schau mal, sieh doch mal *Imperativ 2. Pers Sg. von* regarder	~, Lucie, voilà Paul.
regarder [Rəgarde]	schauen	
et [e] *conj.*	und	Voilà Sophie ~ Nadine.
la fille [lafij]	das Mädchen	Regarde la ~. C'est Lucie.
l'amie [lami] *f.*	die Freundin	Manon est l'~ de Tarik.
le garçon [ləgarsɔ̃]	der Junge	Regarde le ~. C'est Vincent.
avec [avɛk] *prép.*	mit *hier:* bei	Le garçon ~ Paul, c'est Tarik.
il [il]	er *Personalpron. 3. Pers. Sg. m.*	Voilà Patrick. ~ est dans la classe de Christophe.

Il est nouveau. / Elle est nouvelle. [ilɛnuvo]/ [ɛlɛnuvɛl]	Er/Sie ist neu.	Paul est ~ et Valérie est ~[1].
bien [bjɛ̃] *adv.*	gut	– Ça va? – Oui, ça va ~.
pas mal [pɑmal]	nicht schlecht	– Ça va? – Oui, ça va ~.
je suis [ʒəsɥi]	ich bin 1. *Pers. Sg. von* être (sein)	Je m'appelle Marc. Je ~ le copain de Michel.
alors [alɔʀ]	also	
c'est toi [sɛtwa]	du bist; bist du …?	Alors, ~, Manon?
toi [twa]	du *betonte Form des Personalpronomens. Zur Hervorhebung der Person, die du ansprichst, kannst du* toi *vor einen Satz stellen, der mit* tu *beginnt.*	– Et ~, tu t'appelles comment? – Moi, je m'appelle Pauline.
bof [bɔf] *fam.* (p. 16/5)	na ja	– Ça va? – ~!
mal [mal] (p. 16/5)	schlecht	– Ça va ~!

1 nouvelle

un [ɛ̃]	ein	Bruno, c'est ~ garçon.
le cédérom [ləsedeʀɔm]	die CD-ROM	C'est le ~ de Paul.
pour [puʀ]	für	C'est un cédérom ~ Lucie.
l'Allemagne [lalmaɲ] *f.*	Deutschland	
le collège [ləkɔlɛʒ]	das „Collège" *Schultyp in Frankreich, entspricht etwa der Sekundarstufe 1 ab Klasse 6. Im Anschluss an die fünfjährige Grundschule gehen alle für vier Jahre aufs Collège.*	Voilà le ~ de Manon et Tarik.
Lyon [ljɔ̃]	*drittgrößte Stadt Frankreichs* → Civilisation, p. 145	
à Lyon [aljɔ̃]	in Lyon	– Où est Tarik? – Il est ~.
le collège Clément Marot [ləkɔlɛʒklemãmaʀo]	die Clément-Marot-Schule	
Clément Marot [klemãmaʀo]	*französischer Dichter des 16. Jahrhunderts* → Civilisation, p. 144	
en Allemagne [ãnalmaɲ]	in Deutschland	Francfort est une ville ~.

à Francfort [afʀɑ̃kfɔʀ]	in Frankfurt	
la cinquième [lasɛ̃kjɛm]	die „Fünfte" *die zweite Jahrgangsstufe nach Beendigung der fünfjährigen Grundschule (in Frankreich werden die Klassen rückwärts gezählt!); entspricht der 7. Klasse in Deutschland*	
la Croix-Rousse [kʀwaʀus]	*Stadtteil in Lyon* → Civilisation, p. 145	
le poète [ləpɔɛt]	der Dichter	Clément Marot est un ~.
le quartier [ləkaʀtje]	das Viertel	La Croix-Rousse est un ~ de Lyon.
sur [syʀ] *prép.*	auf, über, an	
une [yn]	eine	C'est Anna, ~ amie de Charlotte.
la colline [lakɔlin]	der Hügel	Le quartier de la Croix-Rousse est sur une ~.
où [u]	wo	~ est Philippe? Il est à Lyon.
la France [lafʀɑ̃s]	Frankreich	
en France [ɑ̃fʀɑ̃s]	in Frankreich	Lyon est ~.

⚠ Unterscheide: in = **dans, en, à**

... **in** Tariks Klasse. →	Manon est **dans** la classe de Tarik.
... **in** der 7 B. →	Il est **en** cinquième B.
... **in** Lyon. →	Le collège de Lucie est **à** Lyon.
... **in** Frankreich. →	Lyon est **en** France.

la ville [lavil]	die Stadt	La ~ de Tilo, c'est Francfort.
entre [ɑ̃tʁə] *prép.*	zwischen	Lyon, c'est une ville ~ le Rhône et la Saône.
le Rhône [ʁon]	*Fluss in der Schweiz und in Frankreich* → Civilisation, p. 145	
la Saône [son]	*Fluss im Osten Frankreichs* → Civilisation, p. 145	
le fleuve [ləflœv]	der Fluss	Le Rhône est un ~.
mais [mɛ] *conj.*	aber	
deux [dø]	zwei	
mieux [mjø]	besser	– Ça va, Nadine? – Oui, ça va ~.

ça [sa]	das, das da	Regarde! ~, c'est le collège Clément Marot.
hm ... [hm]	hm ... *nachdenklich*	
le Gros Caillou [ləgʀokaju]	*riesiger Stein in Lyon* → Civilisation, p. 145	
le caillou [ləkaju]	der Stein	
le monstre [ləmɔ̃stʀ] (p. 18/2)	das Monster	Regarde! Un ~!
Guignol [giɲɔl] (p. 19/7)	*Kasper des französischen Puppen-theaters* → Civilisation, p. 144	

UNITÉ 2, Approches

l'école [lekɔl] *f.*	die Schule	Où est l'~ de Manon?
le CDI [ləsedei], **(= le Centre de Documen-tation et d'Information)** [ləsɑ̃tʀədədɔkymɑ̃tasjɔ̃-edɛ̃fɔʀmasjɔ̃]	das Informations- und Dokumen-tationszentrum *Bezeichnung für die Bibliothek an französischen Schulen*	

le/la documentaliste [lədɔkymãtalist] / [ladɔkymãtalist]	der/die Dokumentalist/in *Bibliothekar/in, an den/die sich die Schüler im CDI wenden, um Medien zu entleihen*	
l'élève [lelɛv] *m./f.*	der Schüler / die Schülerin	
Chut! [ʃyt]	Pst!, Still!	
la table [latablə]	der Tisch	C'est la ~ de M. Ardent.
l'ordinateur [lɔrdinatœr] *m.*	der Computer	Voilà l'~ de Monsieur Mirelli.
l'agenda [laʒɛ̃da] *m.*	das Merkbuch, der Taschen-kalender	– C'est l'~ de Manon? – Non, c'est l'~ de Tarik.
l'armoire [larmwar] *f.*	der Schrank	L'agenda est dans l'~.
le livre [ləlivrə]	das Buch	Voilà le ~ de Pauline.
le CD [ləsede] ⚠ **les CD** [lesede] *pl.*	die CD	Le ~ est dans l'armoire.
le DVD [lədevede] ⚠ **les DVD** [ledevede] *pl.*	die DVD	Le ~ est sur la table.

la cassette vidéo [lakasɛtvideo] **⚠ les cassettes vidéo** [lekasɛtvideo] *pl.*	die Videokassette	La ~ est sur la table.
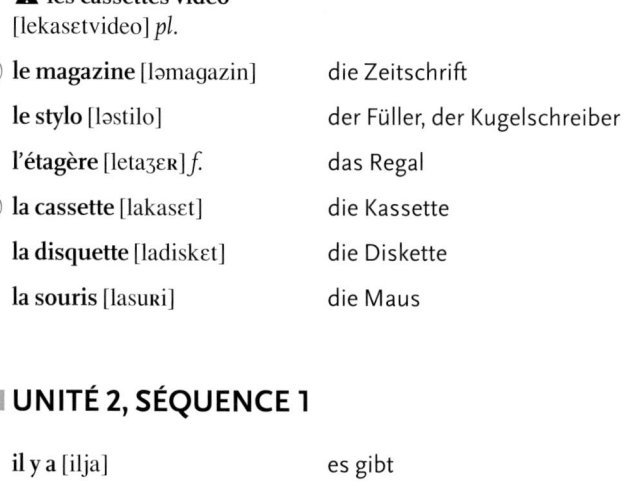 **le magazine** [ləmagazin]	die Zeitschrift	– C'est le ~ de Nadine? – Je ne sais pas.
le stylo [ləstilo]	der Füller, der Kugelschreiber	C'est le ~ de Lucie.
l'étagère [letaʒɛʀ] *f.*	das Regal	Le DVD est sur l'~.
la cassette [lakasɛt]	die Kassette	Voila la ~ d'Alizée.
la disquette [ladiskɛt]	die Diskette	La ~ est dans l'ordinateur.
la souris [lasuʀi]	die Maus	La ~ est dans l'armoire.

UNITÉ 2, SÉQUENCE 1

il y a [ilja]	es gibt
des [de]	*unbestimmter Artikel im Pl.; wird nicht übersetzt*

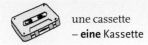 une cassette
– **eine** Kassette

    des cassettes
– ✗ Kassetten

le/la prof [ləpʀɔf/lapʀɔf] *fam.* ou: **le professeur** [ləpʀɔfɛsœʀ] *m./f.*
der Lehrer, die Lehrerin

bien sûr [bjɛ̃syʀ]
natürlich, selbstverständlich
– Salut, ça va? – ~, ça va!

la salle de classe [lasaldəklas]
das Klassenzimmer
L'ordinateur est dans la ~.

la sixième [lasizjɛm]
die „Sechste" *die erste Jahrgangsstufe nach Beendigung der fünfjährigen Grundschule (in Frankreich werden die Klassen rückwärts gezählt!); entspricht der 6. Klasse in Deutschland*
Pauline est en ~.

le prof de maths [ləpʀɔfdəmat]
der Mathelehrer
C'est le ~ de la sixième C.

les maths [lemat] *jam.* ou: **les mathématiques** [lematematik] *f. pl.*
Mathe

2

la faute [lafot]	der Fehler	Il y a deux ~[1].
là [la]	da, dort	~, regarde! Il y a une faute!
aussi [osi]	auch	Manon est ~ en cinquième.
la cantine [lakãtin]	die Kantine, der Speisesaal	Pardon, où est la ~?
super [sypɛʀ]	super	Le prof de maths de Thomas est ~.
les frites [lefʀit] *f. pl.*	die Pommes frites	Super! Il y a des ~!
le secrétariat [ləsəkʀetaʀja]	das Sekretariat	
le/la secrétaire [lə/lasəkʀetɛʀ]	der Sekretär, die Sekretärin	– Madame Pianta, c'est une prof? – Non, c'est la ~.
elle s'appelle [ɛlsapɛl]	sie heißt → Verbes, p. 142	La fille, là, ~ comment?
sympa [sɛ̃pa] *fam.* ou: **sympathique** [sɛ̃patik]	sympathisch	Le prof de maths est ~.
Qu'est-ce qu'il y a? [kɛskilja]	Was gibt es?	
encore [ãkɔʀ]	noch, außerdem	Il y a ~ des élèves dans la salle de classe.

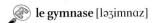 **le gymnase** [ləʒimnɑz]   die Turnhalle   Il y a des élèves dans le ~.

⚠️ „faux ami":

le lycée (das Gymnasium) ≠ le gymnase (die Turnhalle)

Wenn ein Wort in zwei Sprachen gleich oder sehr ähnlich lautet, aber trotzdem zwei verschiedene Bedeutungen hat, nennt man es einen „falschen Freund" – auf Französisch „un faux ami".

très [tʀɛ]	sehr	– Salut, Anne! Ça va? – Oui, ça va ~ bien.
la cour [lakuʀ]	der Hof	Voilà l'école et ça, c'est la ~.
le surveillant [ləsyʀvɛjɑ̃] / **la surveillante** [lasyʀvɛjɑ̃t]	die Aufsichtsperson *In französischen Schulen führen nicht die Lehrer/innen, sondern* surveillants/-es *die Pausenaufsicht.*	– Pardon, Monsieur, vous êtes le professeur de maths? – Non, Madame, je suis le ~.
Qu'est-ce que c'est? [kɛskəsɛ]	Was ist das?	– Et ça, ~? – C'est le stylo de Julien.

⚠️ *Achte auf den kleinen Strich am* **Q***! Du darfst das* **Q** *nicht mit dem* **O** *verwechseln, denn der kleine Strich gibt dem Wort eine ganz andere Bedeutung:*
Oui *buchstabiere* o-u-i = ja *aber* **Qui** *buchstabiere* q-u-i = wer

le cochon d'Inde
[ləkɔʃɔ̃dɛ̃d]

das Meerschweinchen

Voilà le ~ de Claire.

⚠ Achte
auf den
Unterschied:

Im Schrank **ist** ein Meerschweinchen.
=
Il y a un cochon d'Inde dans l'armoire.

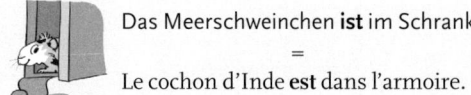

Das Meerschweinchen **ist** im Schrank.
=
Le cochon d'Inde **est** dans l'armoire.

1 fautes

UNITÉ 2, SÉQUENCE 2

sont [sɔ̃]

(sie) sind *3. Pers. Pl. von* être
(sein)

Où ~ Manon et Pauline?

Astérix [asteʀix]

Comic-Figur → Civilisation,
p. 144

 le film [ləfilm]

der Film

Monsieur, où sont les ~¹ avec Vanessa
Paradis?

Gérard Depardieu [ʒeʀaʀdəpaʀdjø]	*Französischer Schauspieler* → Civilisation, p. 144	
là-bas [labɑ]	dort	Regarde, ~, c'est Valentin.
merci [mɛʀsi]	danke	– Voilà la cassette d'Astérix. – ~, Mademoiselle.
à droite [adʀwat]	rechts	Les magazines sont ~.
..., hein? [ɛ̃] *fam.*	..., oder? *umg. am Satzende*	Paul est nouveau, ~?
eh bien [ebjɛ̃]	also *Füllwort am Anfang*	~, où sont les DVD?
l'atlas [latlɑs] *m.* **⚠ les atlas** [lezatlɑs] *pl.*	der Atlas	L'~ est sur l'étagère.
ici [isi]	hier	Les livres sont ~.
ils [il]	sie *Personalpron. 3. Pers. Pl.: wenn männliche oder männliche und weibliche Personen oder Dinge gemeint sind*	– Lucie et Paul sont dans la classe de Manon? – Non, ~ sont dans la classe de Pauline.
sous [su] *prép.*	unter	Le cochon d'Inde est ~ la table.

la géographie [laʒeoɡʀafi]	die Geographie, die Erdkunde	Madame Pic, c'est la prof de ~?
à gauche [aɡoʃ]	links	– Où est le collège? – Là-bas, ~.
s'il vous plaît [silvuplɛ]	bitte *wenn du jdn siezt oder dich an mehrere Personen wendest*	– Madame, ~, où sont les magazines? – Ils sont là-bas, à gauche.
encore [ɑkɔʀ]	*hier:* Schon wieder!	
enfin [ɑ̃fɛ̃]	schließlich	

Mais enfin! = Jetzt ist es aber genug!

elles [ɛl]	sie *Personalpron. 3. Pers. Pl. f.*	Les disquettes? ~ sont sous les livres.

A *Die verflixten „sie":*

La cassette?	Manon?	→ **Elle** est ...	**Sie** ist ...	= *Singular, weiblich*
Les cassettes?	Manon et Lucie?	→ **Elles** sont ...	**Sie** sind ...	= *Plural, weiblich*
Les livres?	Paul et Tarik?	→ **Ils** sont ...	**Sie** sind ...	= *Plural, männlich*
Le CD et la cassette?	Paul et Lucie?	→ **Ils** sont ...	**Sie** sind ...	= *Plural, männlich + weiblich*

le film d'horreur
[ləfilmdɔʁœʁ]

der Gruselfilm, der Horrorfilm

Les ~² sont sur l'étagère, à droite.

1 films 2 les films d'horreur

UNITÉ 2, SÉQUENCE 3

vous [vu]

ihr *wenn du mehrere Personen ansprichst, die du duzt;*
Sie *wenn du eine oder mehrere Personen ansprichst, die du siezt*

vous êtes [vuzɛt]

ihr seid *2. Pers. Pl. von* être (sein),
Sie sind *wenn du jdn siezt*

– Nadine et Nicole, ~ dans la classe de Manon? – Oui.

Ihr seid *oder zu Erwachsenen* Sie sind – *beides heißt* vous êtes.

Hé! [e]

He, (ihr da)!

on est [ɔ̃nɛ]	man ist *auch:* wir	~ est en sixième.

Im gesprochenen Französisch wird on *oft anstelle von* wir *verwendet. Ansonsten entspricht* on *dem deutschen* man.

maintenant [mɛ̃tnã]	jetzt	Tarik est en cinquième ~.
C'est l'heure. [sɛlœʀ]	Es ist soweit. / Es ist Zeit! / Es ist jetzt an der Zeit (etwas Bestimmtes zu tun).	
épèle [epɛl]	buchstabiere! *Imperativ 2. Pers. Sg. von* épeler	– Je m'appelle Magaud. – ~ .
épeler [epəle]	buchstabieren → Verbes, p. 142	
s'il te plaît [siltəplɛ]	bitte *wenn du eine Person ansprichst, die du duzt*	– ~, où est la cantine? – Là-bas, derrière le gymnase.
quatre [katʀ]	vier	Sur l'étagère, il y a ~ livres.
trop [tʀo]	zu *auch:* zu viel, zu sehr	Quatre DVD et deux cédéroms, c'est ~.
ce sont [səsɔ̃]	es sind, das sind	~ les élèves de «Clément Marot».
trois [tʀwa]	drei	Il y a ~ stylos sur la table.
bon [bɔ̃] *adv.*	einverstanden, gut	

Louise Attaque [luizatak]	*in Frankreich beliebte Rockgruppe* → Civilisation, p. 144	
ou [u] *conj.*	oder	Où est le livre? Dans l'armoire ~ sur l'étagère?

> ⚠ *Unterscheide:* **où** = wo? → *Fragewort, mit* accent grave
> **ou** = oder → *Konjunktion, ohne* accent

Auf dem wo *sitzt ein „Floh".*

C'est ça? [sɛsa]	Stimmt's?	Tu es Pauline, ~?
nous [nu]	wir *Personalpron. 1. Pers. Pl.*	
nous sommes [nusɔm]	wir sind *1. Pers. Pl. von* être	
être [ɛtʀ]	sein → Verbes, p. 142	
à bientôt [abjɛ̃to]	bis bald	Au revoir, Madame, et ~.
le nom [lənɔ̃] (p. 29/2)	der Name	
le prénom [ləpʀenɔ̃] (p. 29/2)	der Vorname	

2

UNITÉ 3, Approches

ma [ma]	mein(e) *Possessivbegleiter der 1. Pers. Sg., steht vor weibl. Nomen im Sg.*	Ça, c'est ~ disquette.
la famille [lafamij]	die Familie	Ma ~ est en France, maintenant.
mes [me]	meine *Possessivbegleiter der 1. Pers. Sg., steht vor Nomen im Pl.*	Voilà ~ profs.
chez [ʃe] *prép.*	bei *auch:* zu (einer Person)	Anne est ~ Marie.
mon [mɔ̃]	mein(e) *Possessivbegleiter der 1. Pers. Sg., steht vor männl. Nomen im Sg. und vor weibl. Nomen mit Vokalanfang im Sg.*	Tarik est ~ copain.

mon ami Paul   mon amie Pauline   ma disquette   mes livres

| le père [ləpɛʀ] | der Vater | Mon ~ est professeur. |
| la mère [lamɛʀ] | die Mutter | Ma ~ est secrétaire. |

devant [dəvã] *prép.*	vor *räumlich, nicht zeitlich*	La classe est ~ le collège.
la maison [lamɛzɔ̃]	das Haus	La ~ est à gauche.
le grand-père [ləgrãpɛʀ]	der Großvater	Mon ~ est le père de ma mère.
pépé [pepe] *m.*	Opa *Kosename für den Großvater*	
la grand-mère [lagrãmɛʀ]	die Großmutter	Je suis chez ma ~.
mémé [meme] *f.*	Oma *Kosename für die Groß-mutter*	
les parents [lepaʀã] *m. pl.*	die Eltern	Mes ~ sont chez ma grand-mère.
l'enfant [lãfã] *m./f.*	das Kind	Nous sommes deux ~[1].
la sœur [lasœʀ]	die Schwester	C'est le livre de ma ~.
le frère [ləfʀɛʀ]	der Bruder	Le ~ de Marie est en cinquième.
le copain [ləkɔpɛ̃] / **la copine** [lakɔpin] *fam.*	der Freund / die Freundin	Tarik, c'est le ~ de Paul.
le chat [ləʃa]	die Katze	Voilà ma sœur avec le ~.

3

derrière [dɛʀjɛʀ] *prép.* hinter Mon frère est ~ la maison.

sous   sur   entre   dans   devant   derrière

1 enfants

UNITÉ 3, SÉQUENCE 1

cinq [sɛ̃k] fünf Madame Pianta a ~ enfants.

ton [tɔ̃] dein(e) *Possessivbegleiter der 2. Pers. Sg., steht vor männl. Nomen im Sg. und vor weibl. Nomen mit Vokalanfang im Sg.*

– Le garçon là, c'est ~ frère?
– Non, c'est le copain de Marie.

parle [paʀl]	sprich! *Imperativ 2. Pers. Sg. von* parler	
parler [paʀle]	sprechen → Verbes, p. 142	La prof ~¹ avec les élèves.
elle travaille [ɛltʀavaj]	sie lernt *auch:* sie arbeitet 3. Pers. Sg. *von* travailler	
travailler [tʀavaje]	lernen *auch:* arbeiten	Mon père ~² à Toulouse.
le téléphone [lətelefɔn]	das Telefon	– Où est le ~? – Il est sur la table.
ta [ta]	dein(e) *Possessivbegleiter der 2. Pers. Sg., steht vor weibl. Nomen im Sg.*	– Où est ~ mère? – Elle est chez mon grand-père.
la chambre [laʃɑ̃bʀ]	das (Schlaf-)Zimmer	C'est ta ~? Elle est super!
le moment [ləmɔmɑ̃]	der Moment, der Augenblick	Un ~, s'il vous plaît!
la cuisine [lakɥizin]	die Küche	Mon père est dans la ~.
la salle de bains [lasaldəbɛ̃]	das Badezimmer	Sandra est dans la ~.
elle arrive [ɛlaʀiv]	*hier:* sie kommt 3. Pers. Sg. *von* arriver	
arriver [aʀive]	ankommen *hier:* kommen	– Paul, le téléphone! – J'~³!

3

27

Allô! [alo]	Ja, bitte? / Hallo? *nur am Telefon; in Frankreich meldet sich die Person, die angerufen wird, nicht mit dem Namen, sondern mit* Allô!	
à la maison [alamɛzɔ̃]	zu Hause	Sylvie est ~.
la salle de séjour [lasaldəseʒuʀ]	das Wohnzimmer	Mon père est dans la ~.
ils regardent [ilʀəgaʀd]	sie schauen an *3. Pers. Pl. von* regarder	
regarder qc [ʀəgaʀde]	etw. ansehen, anschauen, betrachten	Tarik ~⁴ le film d'Astérix?
la télé [latele] *fam.* ou: **la télévision** [latelevizjɔ̃]	der Fernseher, das Fernsehen	Pauline regarde la ~.
Eh! [e]	He!	
arrête [aʀɛt]	*hier:* schalt aus! *Imperativ 2. Pers. Sg. von* arrêter	
arrêter (qc) [aʀɛte]	aufhören *hier:* (etw.) ausschalten	Mes parents ~⁵ la télé.

je téléphone [ʒətelefɔn]	ich telefoniere *1. Pers. Sg. von* téléphoner	
téléphoner [telefɔne]	telefonieren	Elle ~⁶ dans la salle de séjour?
tes [te]	deine *Possessivbegleiter der 2. Pers. Sg., steht vor Nomen im Pl.*	– Où sont ~ frères? – Ils sont à la maison.

ton ami Paul   ton **a**mie Lucie   ta disquette   tes livres

six [sis]	sechs	Dans le quartier de la Croix-Rousse, il y a ~ écoles.
sept [sɛt]	sieben	Sur l'étagère, il y a ~ atlas.
huit [ɥit]	acht	Sur la table de Victor, il y a ~ disquettes.
chante [ʃɑ̃t]	singe! *Imperativ 2. Pers. Sg. von* chanter	
chanter [ʃɑ̃te]	singen	Marie ~⁷ dans la salle de bains.
la chanson [laʃɑ̃sɔ̃]	das Lied	M. Mirelli chante une ~ de «Louise Attaque».

neuf [nœf]	neun	Dans l'armoire, il y a ~ CD de Céline Dion.
dix [dis]	zehn	Dans ma classe, il y a ~ garçons.

1 un/une [ɛ̃/yn]	3 trois [tʀwa]	5 cinq [sɛ̃k]	7 sept [sɛt]	9 neuf [nœf]	Die Zahlen findest
2 deux [dø]	4 quatre [katʀ]	6 six [sis]	8 huit [ɥit]	10 dix [dis]	du auf S. 141.

1 parle 2 travaille 3 arrive 4 regarde 5 arrêtent 6 téléphone 7 chante

UNITÉ 3, SÉQUENCE 2

ses [se]	seine, ihre *Possessivbegleiter der 3. Pers. Sg., steht vor Nomen im Pl.*	Voilà Patrick et ~ copains. Voilà Anne avec ~ copines.
Bruxelles [bʀysɛl]	Brüssel *Hauptstadt Belgiens* → Civilisation, p. 144	
ils habitent [ilzabit]	sie wohnen *3. Pers. Pl. von* habiter	
habiter [abite]	wohnen	Louis et Anne ~¹ à Toulouse.
le médecin [ləmedsɛ̃]	der Arzt / die Ärztin	La mère de Paul est ~.

🔍 **l'hôpital** [lɔpital] *m.*	das Krankenhaus	Un médecin travaille aussi dans un ~.
la chaise [laʃɛz]	der Stuhl	Dans la cuisine, il y a une table avec quatre ~².
il pose [ilpoz]	er bringt an *3. Pers. Sg. von* poser	
poser qc [poze]	etw. anbringen *auch:* etw. (hin-)stellen	Où est-ce que je ~³ ça?
🔍 **la lampe** [lalɑ̃p]	die Lampe	Mon père pose une ~ dans la salle de séjour.
sa [sa]	ihr(e), sein(e) *Possessivbegleiter der 3. Pers. Sg., steht vor weibl. Nomen im Sg.*	Voilà Tarik avec ~ copine.
Bonsoir! [bɔ̃swaʀ]	Guten Abend!	~, Monsieur.
maman [mamɑ̃] *f.*	Mutti, Mama	Regarde, ~, c'est le chat de Nadine.
allume [alym]	schalt an! *Imperativ 2. Pers. Sg. von* allumer	
allumer qc [alyme]	etw. anschalten, einschalten, anmachen	Maman, j'~⁴ la télé maintenant. Il y a un film avec Depardieu.

3

Ça marche! [samaʁʃ]	Es funktioniert. *3. Pers. Sg. von* marcher	
marcher [maʁʃe]	funktionieren	– Rémi, tu allumes l'ordinateur, s'il te plaît? – Regarde, ça ~⁵!
l'appartement [lapaʁtəmã] *m.* ⚠ the apartment	die Wohnung	L'~ de ma grand-mère est super!
elle range [ɛlʁãʒ]	sie räumt auf *3. Pers. Sg. von* ranger	
ranger qc [ʁãʒe] ⚠ nous rangeons	etw. aufräumen → *Verbes, p. 142*	Annette ~⁶ ses disquettes et ses cédéroms.
le carton [ləkaʁtõ]	der Karton	– Qu'est-ce qu'il y a dans tes ~⁷? – Des livres et des cassettes.
la photo [lafɔto]	das Foto	Regarde la ~. C'est mon amie.
elle entre [ɛlãtʁ]	sie geht hinein *3. Pers. Sg. von* entrer	
entrer [ãtʁe]	hineingehen	Le professeur ~⁸ dans la classe.
la fille [lafij]	die Tochter	La ~ de M. Mirelli s'appelle Charlotte.

son [sɔ̃]

ihr(e), sein(e) *Possessivbegleiter der 3. Pers. Sg., steht vor männl. Nomen im Sg. und vor weibl. Nomen mit Vokalanfang im Sg.*

Mon père est devant ~ ordinateur. Il travaille.

son ami Paul   son amie Pauline   sa disquette   ses livres

*Zu den vier deutschen Formen „seine/ihre, sein/ihr" gibt es im Französischen nur zwei Formen: son und sa. Welche von beiden du verwenden musst, hängt nur vom Geschlecht des **folgenden** Nomens ab.*

Élodie et son père

Medhi et son père

Élodie et sa mère

Medhi et sa mère

le lit [ləli]	das Bett	Le chat est sous le ~.
la perruche [lapeʀyʃ]	der Wellensittich	La ~ d'Annabelle s'appelle Madonna.
tatie [tati] *f.*	Tantchen *Kosename für* Tante	
montre [mɔ̃tʀ]	zeig *Imperativ 2. Pers. Sg. von* montrer	
montrer qc [mɔ̃tʀe]	etw. zeigen	François! ~[9] tes photos, s'il te plaît!
je sais [jəsɛ]	ich weiß	– Le film d'Astérix est super. – Oui, ~.
le voisin [ləvwazɛ̃] / **la voisine** [lavwazin]	der/die Nachbar/in	M. Gaston, c'est le ~ de ma grand-mère.
la tante [latɑ̃t]	die Tante	Ma ~ pose une lampe dans la salle de séjour.
nous mangeons [numɑ̃ʒɔ̃]	wir essen *1. Pers. Pl. von* manger	
manger qc [mɑ̃ʒe]	etw. essen → Verbes, p. 142	Ils ~[10] dans la cuisine.
à la télé [alatele]	im Fernsehen	~, il y a un film avec Juliette Binoche.
demain [dəmɛ̃]	morgen	~, nous regardons le film vidéo de la classe de Tarik.

écoutez [ekute]	hört *Imperativ 2. Pers Pl. von* écouter	
écouter qc/qn [ekute]	etw. hören, jdm zuhören, auf jdn hören	Marie et Anne ~[11] un CD de Kyo.
d'abord [dabɔʀ]	zuerst	– Maman, tu regardes mes photos? – Oui, mais arrête ~ la télé.
il/elle prépare [il/ɛlpʀepaʀ]	er/sie bereitet vor *3. Pers. Sg. von* préparer	
préparer [pʀepaʀe]	zubereiten, vorbereiten	Qu'est-ce que tu ~[12]?
le dîner [lədine]	das Abendessen	Jérôme prépare le ~ pour ses frères.
la gomme [lagɔm] (p. 44/7)	der Radiergummi	Ta ~ est sur la table.
la girafe [laʒiʀaf] (p. 44/7)	die Giraffe	

1 habitent 2 chaises 3 pose 4 allume 5 marche 6 range 7 cartons 8 entre 9 montre 10 mangent 11 écoutent 12 prépares

UNITÉ 3, SÉQUENCE 3

est-ce que [ɛskə]	*wird nicht übersetzt, zeigt dir an, dass es sich um eine Frage handelt*	~ tu as une sœur?
il a [ila] / **elle a** [ɛla] / **on a** [ɔ̃na]	er/sie/man hat *3. Pers. Sg. von* avoir	
avoir [avwaʀ]	haben → Verbes, p. 142	Tarik ~¹ un ordinateur.
le message [ləmesaʒ]	die Nachricht	Le ~ de Tilo est pour Tarik.
le correspondant [ləkɔʀɛspɔ̃dɑ̃] / **la correspondante** [lakɔʀɛspɔ̃dɑ̃t]	der Brieffreund / die Brieffreundin	Tanja est la ~² de Lucie.
dix-sept [disɛt]	siebzehn	Dans ma classe, il y a ~ filles.
l'an [lɑ̃] *m.*	das Jahr	Caroline a treize ~³.

⚠ *Im Französischen gibt man das Alter mit dem Verb* avoir (haben) *an und nicht mit* sein *wie im Deutschen. Vergleiche:* Il a treize ans. Er **ist** 13 Jahre alt.

près de [pʀɛdə]	in der Nähe von, nahe bei	Anne habite ~ son collège.
cher [ʃɛʀ] *m.*/ **chère** [ʃɛʀ] *f.*	lieber/liebe *Anrede in Brief*	~ Pépé, je suis à Paris …

l'adresse e-mail [ladʀɛsimɛl] *f.* ⚠ the address	die E-Mail-Adresse	Paul a une ~.
les grands-parents [legʀɑ̃paʀɑ̃] *m. pl.*	die Großeltern	Ses ~ habitent en Allemagne.
le chien [ləʃjɛ̃] / **la chienne** [laʃjɛn]	der Hund / die Hündin	Pascal a deux ~4.
comme chien et chat [kɔmʃjɛ̃eʃa]	wie Hund und Katze	
comme [kɔm]	wie *auch:* als	Marion parle ~ sa sœur.
les frères et sœurs [lefʀɛʀesœʀ]	die Geschwister	Tarik a des ~.
le poisson [ləpwasɔ̃]	der Fisch	Lucie a des ~5.
onze [ɔ̃z]	elf	Philippe a ~ ans.
la tortue [latɔʀty]	die Schildkröte	Le chat regarde la ~.
toujours [tuʒuʀ] ⚠ toujours a toujours un -s!	immer	Tarik travaille ~ sur son ordinateur.
d'accord [dakɔʀ]	einverstanden	– Tu es ~ ? – Oui, je suis ~.

3

douze [duz] — zwölf — Tu as ~ ans?

l'âge [lɑʒ] *m.* — das Alter

Tu as quel âge? [tyakɛlɑʒ] — Wie alt bist du?

l'exercice [lɛgzɛʀsis] *m.* ⚠ an exercise — die Übung *hier:* die Hausaufgabe — J'ai des ~[6] de géographie.

le français [ləfʀɑ̃sɛ] — Französisch *Unterrichtsfach, auch:* die französische Sprache — Range ton livre de ~, s'il te plaît.

l'animal [lanimal] *m.* / ⚠ **les animaux** [lezanimo] *pl.* — das Tier — Est-ce qu'André a des ~[7] à la maison?

C'est juste? [sɛʒyst] — Ist das richtig? — «Das Haus» en français, c'est «la maison». ~?

beaucoup [boku] — viel — Mon oncle travaille ~.

vingt [vɛ̃] — zwanzig — Dans mon quartier, j'ai ~ voisins.

11	onze	[ɔ̃z]	14	quatorze	[katɔʀz]	17	dix-sept	[disɛt]	20	vingt	[vɛ̃]
12	douze	[duz]	15	quinze	[kɛ̃z]	18	dix-huit	[dizɥit]			
13	treize	[tʀɛz]	16	seize	[sɛz]	19	dix-neuf	[diznœf]		*Die Zahlen findest du auf S. 141.*	

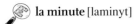 **la minute** [laminyt]   die Minute   Le film à la télé, c'est dans vingt ~⁸.

1 a   2 correspondante   3 ans   4 chiens   5 poissons   6 exercices   7 animaux   8 minutes

UNITÉ 4, Approches

vous faites [vufɛt]   ihr macht *2. Pers. Pl. von* faire   Qu'est-ce que ~?
                                        (tun)

Merke: vous faites   vous êtes

ne ... pas [nə ... pɑ]   nicht *ne und pas drücken zusam-*   Valentin ~ regarde ~ la télé, il travaille.
                                        men die Verneinung aus, das ge-
                                        beugte Verb steht immer zwischen
                                        den beiden Teilen der Verneinung

rêver [ʀɛve]   träumen

le vendeur [ləvɑ̃dœʀ] /   der/die Verkäufer/in   La ~¹ travaille pour M. Mirelli.
la vendeuse [lavɑ̃døz]

la dame [ladam]   die Dame, die Frau   Dans le bus, il y a une ~ avec un chien.

4

39

chercher qc [ʃɛRʃe]	etw. suchen	Qu'est-ce que tu ~²?
le porte-monnaie [ləpɔRtmɔnɛ]	das Portmonee, der Geldbeutel	– Où est mon ~? – Je sais! Dans la cuisine, sous la chaise!
discuter [diskyte]	diskutieren, sich unterhalten	Valentin ~³ avec son prof de français.
jouer [ʒue]	spielen	Les enfants ~⁴ devant la maison.

1 vendeuse 2 cherches 3 discute 4 jouent

UNITÉ 4, SÉQUENCE 1

après [apRɛ]	nach *zeitlich*	
aimer qc [ɛme] ⚠ *Nach* aimer *steht das Nomen mit dem bestimmten Artikel.*	etw. lieben, mögen	J'~¹ les chiens.
la bédé [labede] *fam.* ou: **la bande dessinée** [labɑ̃dədesine] ou: **la BD** [labede] *fam.*	der Comic	Nathalie aime les ~².

Tardi [taʀdi]   *französischer Comic-Zeichner*
→ Civilisation, p. 144

préférer qc [pʀefeʀe]   etw. bevorzugen, lieber mögen   J'aime les bédés, mais je ~³ les livres.
⚠ *Nach* préférer *steht das Nomen mit dem bestimmten Artikel.*   → Verbes, p. 142

Margerin [maʀʒəʀɛ̃]   *französischer Comic-Zeichner*
→ Civilisation, p. 144

la gymnastique [laʒimnastik] ou: **la gym** [laʒim] *fam.*   die Gymnastik *auch:* der Sportunterricht   Est-ce que tu aimes la ~ ?

la danse [ladɑ̃s]   der Tanz, das Tanzen   Ma sœur aime la ~.
⚠ the dance

les rollers [leʀɔlœʀ] *m. pl.*   die Inlineskates   Est-ce que tu as des ~?

le skate [ləskɛt]   das Skateboard, das Skateboardfahren   Les rollers, c'est bien, mais le ~, c'est mieux.

le handball [ləɑ̃dbal]   Handball   Nadine aime la danse, Patrick préfère le ~.
⚠ *Der bestimmte Artikel* le *wird vor* handball *nicht apostrophiert.*

le foot [ləfut]	Fußball	Mon père regarde le ~ à la télé.
souvent [suvɑ̃]	oft, häufig	Jérôme joue ~ avec son frère.
dehors [dəɔʀ]	draußen	Manon est souvent ~ avec Tarik.
la photo [lafɔto]	das Fotografieren, das Foto	Ils aiment beaucoup la ~.
le club-photo [ləklœbfɔto]	der Foto-Club, die Foto-Arbeitsgemeinschaft	Est-ce qu'il y a un ~ dans ton école?
pour un oui et pour un non [puʀɛ̃wiepuʀɛ̃nɔ̃]	um ein Nichts	
photographier qc [fɔtɔgʀafje]	etw. fotografieren	Laure ~4 ses tortues.
ils veulent [ilvœl]	sie wollen *3. Pers. Pl. von* vouloir	
vouloir [vulwaʀ]	wollen → Verbes, p. 143	Juliette et David ~5 manger dans dix minutes.
vous pouvez [vupuve]	ihr könnt *2. Pers. Pl. von* pouvoir Sie können *wenn du jdn siezt*	
pouvoir [puvwaʀ]	können → Verbes, p. 143	Les enfants! Vous ~6 préparer le dîner, s'il vous plaît?

si [si]	doch *als Antwort auf eine verneinte Frage*	– Hé, Christophe, tu n'écoutes pas? – ~!
la porte [lapɔʀt]	die Tür	Qu'est-ce qu'il y a derrière la ~?
c'est marrant [maʀɑ̃] *fam.*	es ist lustig, spaßig	La photo, c'est ~!
ben [bɛ̃]	*Füllwort am Satzanfang, in etwa* naja, äh	
pourquoi pas? [puʀkwapa]	warum nicht?	– On regarde la télé? – ~?
la traboule [latʀabul]	*Durchgang zwischen zwei Häusern in Lyon* → Civilisation, p. 145	

1 aime 2 bédés 3 préfère 4 photographie 5 veulent 6 pouvez

UNITÉ 4, SÉQUENCE 2

votre [vɔtʀə]	euer, eure *Possessivbegleiter der 2. Pers. Pl., steht vor Nomen im Sg.*	Où est ~ prof?
rentrer [ʀɑ̃tʀe]	nach Hause gehen	Paul et Lucie ~¹ avec Annabelle.
vous faites [vufɛt]	ihr macht/Sie machen *2. Pers. Pl. von* faire	Qu'est – ce que vous ~?

faire qc [fɛʁ]	etw. tun → Verbes, p. 143	– Qu'est-ce que vous ~²? – Des photos de Lyon.
le tour [lətuʁ] ⚠ *Im Französischen männlich!*	die Tour, die Runde, der Spaziergang *auch:* die Reise, der Ausflug	Aurélie fait un ~ avec le chien.
les devoirs [ledəvwaʁ] *m. pl.*	die Hausaufgaben	Tu as des ~ pour demain?
je voudrais [ʒəvudʁɛ]	ich möchte gern, ich hätte gern	Je ~ un livre sur Paris.
l'interro [lɛ̃teʁɔ] *fam.* ou: **l'interrogation** [lɛ̃teʁɔgasjɔ̃] *f.*	die Klassenarbeit	Demain, on a une ~.
l'allemand [lalmɑ̃] *m.*	Deutsch, die deutsche Sprache	La prof d'~ est sympa.
demain matin [dəmɛ̃matɛ̃]	morgen früh	Je range ma chambre ~.
le matin [ləmatɛ̃]	der Morgen, morgens	
ensemble [ɑ̃sɑ̃blə]	zusammen	Isabelle et Patrick travaillent ~.
nos [no]	unsere *Possessivbegleiter der 1. Pers. Pl., steht vor Nomen im Pl.*	– Vous regardez la télé? – Non, nous rangeons ~ chambres.
Et alors? [ealɔʁ]	Na und?	
le cirque [ləsiʁk]	der Zirkus	Manon aime bien le ~.

Place Bellecour
[plasbɛlkuʀ]

hier: am Bellecour-Platz

Il y a un collège près de la ~.

Place Bellecour
Die frühere Place Royale *liegt im Zentrum von* Lyon, *auf der Halbinsel zwischen* Rhône *und* Saône, *und ist einer der größten Plätze Europas. In ihrer Mitte steht die Statue des französischen Königs* Louis XIV. *(1661–1715). Auf der* Place Bellecour *mündet die* Rue Victor Hugo, *Fußgängerzone und eine der größten Einkaufsstraßen von* Lyon.

 la place [laplas]

der Platz, der Sitzplatz
hier (im übertragenen Sinn):
die Eintrittskarte

Deux ~³ pour demain, s'il vous plaît.

samedi [samdi] *m.*

(am) Samstag, (am) Sonnabend

~, on mange chez ma grand-mère.

C'est nul. [sɛnyl] *fam.*

hier: Das ist blöd.

La gym, ~ !

le bébé [ləbebe]

das Baby, das kleine Kind

Le frère de Nathalie est encore un ~.

Oh, là, là! [olala]

O je! / Ach je!

 le problème [ləpʀɔblɛm]

das Problem

J'ai un ~ en maths.

4

notre [nɔtʀə]	unser, unsere *Possessivbegleiter der 1. Pers. Pl., steht vor Nomen im Sg.*	Voilà M. Pennac. C'est ~ prof de géographie.
aujourd'hui [oʒuʀdɥi]	heute	Qu'est-ce que tu fais ~?
avoir le moral [avwaʀləmɔʀal]	gut gelaunt sein, gut drauf sein	Mon frère, aujourd'hui, il ~4.
vos [vo]	eure/Ihre *Possessivbegleiter der 2. Pers. Pl., steht vor Nomen im Pl.*	– Vous faites ~ exercices? – Oui, maman.
ce soir [səswaʀ]	heute Abend	– On fait un tour en ville ~? – D'accord.
le soir [ləswaʀ] ⚠ le soir ≠ le matin	der Abend, abends	~, mes parents regardent la télé.

1 rentrent 2 faites 3 places 4 a le moral

UNITÉ 4, SÉQUENCE 3

| **le spectacle** [ləspɛktaklə] | die Vorstellung, die Aufführung | Le ~ des «Stereophonics» est super! |
| **dimanche** [dimãʃ] *m.* | (am) Sonntag | Le cirque de Pinocchio est à Lyon ~. |

| **leurs** [lœʀ] | ihr, ihre *Possessivbegleiter der 3. Pers. Pl., steht vor Nomen im Pl.* | Lucie et Manuel jouent avec ~ chiens. |
| **leur** [lœʀ] | ihre *Possessivbegleiter der 3. Pers. Pl., steht vor Nomen im Sg.* | Marc et Julien jouent avec ~ chat. |

⚠ leur – leurs
leurs *steht vor Nomen im Plural und die haben genau wie leurs ein -s am Ende!*

leur poisson

leurs poissons

cher [ʃɛʀ] *m.* / **chère** [ʃɛʀ] *f.*	teuer	20 euros pour un CD? C'est ~!
de ... à ... [dəa]	zwischen ... und ... *auch* ... bis ...	~ 9 ~ 12 euros pour une bédé, ce n'est pas cher.
l'euro [løʀo] *m.*	der Euro	J'ai encore 10 ~¹.

48

le truc [lətʀyk] *fam.*	die Sache, das Ding *umg.*	La boxe, ce n'est pas mon ~!
Ça dépend. [sadepã]	Das kommt darauf an.	– Ce soir, on regarde le film «Titanic» ensemble? – ~. C'est bien?
C'est génial. [sɛʒenjal]	Das ist genial/toll/super.	– Voilà un CD pour toi. – Merci! ~!
le clown [ləklun]	der Clown	
le numéro [lənymeʀo]	die Nummer	Tu as le ~ de téléphone de Paul?
la boxe [labɔks]	das Boxen, der Boxsport	Victor aime la ~.
le type [lətip] *fam.*	der Typ, der Kerl, der Junge, der Mann	– C'est qui, le ~ là-bas? – C'est un surveillant.
l'affiche [lafiʃ] *f.*	das Plakat, das Poster, der Aushang	Dans ma chambre, j'ai une ~ de Leonardo DiCaprio.
C'est l'horreur! [sɛlɔʀœʀ]	Das ist schrecklich / furchtbar / ein Graus!	La boxe, ~!
le muscle [ləmysklə]	der Muskel	Pascal aime le handball et il a des ~²!
être libre [ɛtʀəlibʀ]	frei haben, noch nichts vorhaben	Demain, tu ~³?

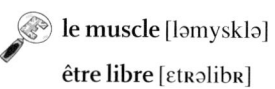

1 euros 2 muscles 3 es libre

le cadeau [ləkado] /
⚠ les cadeaux [lekado] *pl.* — das Geschenk — – Voilà, c'est un ~ pour toi. – Merci.

deviner qc [dəvine] — raten, etw. erraten — – Un cadeau? Qu'est-ce que c'est? – ~¹!

froid [fʀwa] *m.* / **froide**
[fʀwad] *f. adj.* — kalt

au [o] — zusammengezogener Artikel aus
à *und* le — Paul est ~ collège.

le cinéma [ləsinema]
ou: **le ciné** [ləsine] *fam.* — das Kino — Manon aime le ~.

la poste [lapɔst] — die Post, das Postamt — Ma mère travaille à la ~.

l'office de tourisme
[lɔfisdətuʀizm] *m.* — das Fremdenverkehrsamt,
die Touristeninformation — Mon père travaille à l'~.

les courses [lekuʀs] *f. pl.* — die Einkäufe — Aujourd'hui, je fais les ~.

Unterscheide:	**faire des courses** [fɛʀdekuʀs] = Einkäufe machen *im Sinne von* shoppen	
	faire les courses [fɛʀlekuʀs] = einkaufen *im Sinne von* Lebensmittel kaufen	

50

chaud [ʃo] *m.* / **chaude**   warm, heiß
[ʃod] *f. adj.*
⚠ chaud ≠ froid

Präge dir folgende Wendungen ein, die   J'**ai** chaud. = Mir **ist** warm.
mit dem Verb „avoir" gebildet werden: Tu **as** froid? = **Ist** dir kalt?

aux [o]   *zusammengezogener Artikel aus*
    à und les

les Galeries Lafayette   *Französische Kaufhauskette*
[legalʀilafajɛt] *f. pl.*   → Civilisation, p. 145

 le supermarché   der Supermarkt   Tu fais les courses au ~?
[ləsypɛʀmaʀʃe]

la boulangerie [labulɑ̃ʒʀi]   die Bäckerei   Près de l'école, il y a une ~.

la rue [laʀy]   die Straße   Pardon, Madame, je cherche la ~ Bouquet.

dans la rue [dɑ̃laʀy]   auf der Straße   Marc est ~ avec son chien.

 le marché [ləmaʀʃe]   der Markt   Ma mère fait les courses au ~.

le marché aux puces   der Flohmarkt   Dimanche, il y a un ~ dans notre
[ləmaʀʃeopys]   quartier.

1 devine

UNITÉ 5, SÉQUENCE 1

ça fait [safɛ]   das macht ... *im Sinne von*   ~ 2 euros, Monsieur.
    das kostet ...

Die Zahlen bis 100 findest du auf S. 141.

quelque chose [kɛlkəʃoz]   etwas   – Tu cherches ~? – Oui, mon agenda.

l'anniversaire [lanivɛʀsɛʀ]   der Geburtstag   Aujourd'hui, c'est l'~ de Manon.
m.

Joyeux anniversaire! [ʒwajøzanivɛʀsɛʀ] = Alles Gute zum Geburtstag!

ne ... plus [nəply]	nicht mehr	Valentin ~ rêve ~.
acheter qc [aʃte]	etw. kaufen → Verbes, p. 142	J'~¹ un livre.
l'ours en peluche [luʀsɑ̃pəlyʃ] *m.*	der Teddybär	Odile cherche son ~.
coûter [kute]	kosten	Le magazine ~² 3 euros.
le centime [ləsɑ̃tim]	der Cent	50 ~³ pour un stylo, ce n'est pas cher!
l'album [lalbɔm] *m.*	das Album	Joséphine achète un ~ de Tintin au marché aux puces.
Tintin [tɛ̃tɛ̃]	*Comic-Figur* → Civilisation, p. 145	
le marchand [ləmaʀʃɑ̃] / **la marchande** [lamaʀʃɑ̃d] ▲ *Berufsbezeichnungen stehen ohne Artikel.*	der (Markt-)Händler / die Händlerin	Mon grand-père est ~.

Mme Pianta est secrétaire.

 Mme Gallet est médecin.

 M. Ardent est documentaliste.

 M. Conté est prof de maths.

 La sœur de Rachid est vendeuse.

 Le voisin de Laurent est clown.

l'assiette [lasjɛt] *f.*	der Teller	L'~ est sur la table.
trouver qc [tʀuve] ⚠ trouver ≠ chercher	etw. finden	Je ne ~⁴ pas mon stylo.
le prix [ləpʀi] / ⚠ **les prix** [lepʀi] *pl.*	der Preis	3 euros, c'est le ~ d'une bédé au marché aux puces.
un truc comme ça [ɛ̃tʀykkɔmsa]	so ein Ding	– Qu'est-ce que tu veux acheter? – Je ne sais pas. Hm … ~!
combien [kɔ̃bjɛ̃]	wie viel	Les rollers, ils coûtent ~?
Limoges [limɔʒ]	*Stadt am Fluss Vienne* → Civilisation, p. 145	

le défaut [lədefo]	der Mangel, der Fehler ⚠ *Nicht für „Fehler in der Klassenarbeit"!*	L'assiette a un ~.

⚠ *Nicht verwechseln:*

le défaut   la faute

Laisse tomber! [lɛstɔ̃be] *fam.*	Ach, lass doch! / Vergiss es! *wörtlich:* Lass fallen!	
bousculer qn [buskyle]	jdn anstoßen, schubsen	Valérie ~⁵ Marie.
tomber [tɔ̃be]	fallen	Oh, là, là! Deux assiettes ~⁶.

1 achète 2 coûte 3 centimes 4 trouve 5 bouscule 6 tombent

UNITÉ 5, SÉQUENCE 2

assez de [asedə]	genug	Est-ce que nous avons ~ photos de Lyon?
assez [ase] *adv.*	genug, ziemlich	Mon voisin est ~ sympa.

l'argent [laʀʒɑ̃] *m.*	das Geld	Je n'ai pas assez d'~.
une moitié de [ynmwatjedə]	ein/e/n halb/er/e/en	Lucie a ~ gomme dans son sac.
beaucoup de [bokudə]	viel	Paul a ~ copains.
les dettes [ledɛt] *f. pl.*	die Schulden	Tarik a beaucoup de ~.
Allez! [ale] *fam.*	*hier:* Ach komm! *2. Pers. Pl. von* aller	
la catastrophe [lakatastʀɔf]	die Katastrophe	Ce n'est pas la ~!
ne / pas de [nəpadə]	kein/e	Magalie ~ veut pas ~ chat.
ne ... plus de [nəplydə]	kein/e/en ... mehr	Tarik ~¹ a ~ dettes.
un tas de [ɛ̃tadə]	eine Menge, ein Haufen	
on va [ɔ̃va]	man geht *3. Pers. Sg. von* aller *im Sinne von* wir gehen	
aller [ale]	gehen → Verbes, p. 142	Avec Miriam, on ~² au cirque demain.
loin [lwɛ̃]	weit	Lyon, c'est encore ~?
on ne va pas loin avec qc [ɔ̃nəvapalwɛ̃avɛk]	man kommt nicht weit mit etw.	

la colle [lakɔl]	der Klebstoff	– Où est la ~? – Sur la table.
le tube [lǝtyb] **A** *Im Französischen männlich!*	die Tube	Il achète un ~ de colle.
coller qc [kɔle]	etw. kleben	Annabelle ~ une photo dans son album.
moi aussi [mwaosi]	ich auch	– J'aime le foot. – ~.
l'idée [lide] *f.*	die Idee, der Einfall	Qu'est-ce qu'on fait maintenant? Tu as une ~?
le gâteau [lǝgɑto] / **A les gâteaux** [legɑto] *pl.*	der Kuchen	On fait un ~ pour l'anniversaire de ma sœur.
tu mets [tymɛ]	du legst *2. Pers. Sg. von* mettre	
mettre [mɛtʀ]	setzen, stellen, (hinein)legen → Verbes, p. 143	Manon, tu ~[3] les assiettes sur la table, s'il te plaît?
un peu de [ɛ̃pødǝ]	ein bisschen	– Vous avez encore ~[4] argent?
peu [pø]	wenig	– J'ai ~ d'argent dans mon porte-monnaie.

Il n'y a pas d'abricots.

Il n'y a pas assez d'abricots.

Il y a assez d'abricots. / Il y a beaucoup d'abricots.

Il y a trop d'abricots.

le kilo [ləkilo] das Kilo

la farine [lafaʀin] das Mehl Pour le gâteau, on achète un kilo de ~.

le beurre [ləbœʀ] die Butter Lucie n'aime pas le ~.

les truffes au chocolat die Schokoladentrüffel *Pralinen* Tu aimes les ~?
[letʀyfoʃokola] *f. pl.*

le sac [ləsak] die Tasche Mets le livre dans ton ~.

1 n'a plus de 2 va 3 mets 4 un peu d'

5

UNITÉ 5, SÉQUENCE 3

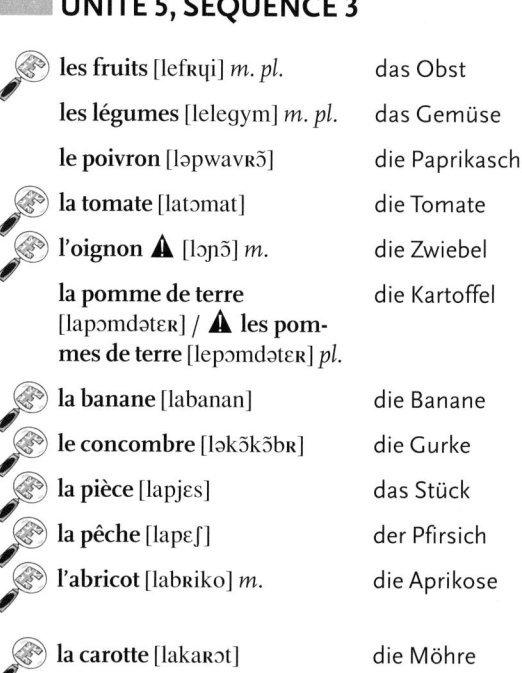

les fruits [lefʀɥi] *m. pl.*	das Obst	Manon aime beaucoup les ~.
les légumes [lelegym] *m. pl.*	das Gemüse	Nous achetons les ~ au marché.
le poivron [ləpwavʀɔ̃]	die Paprikaschote	Est-ce que tu aimes les ~¹?
la tomate [latɔmat]	die Tomate	J'aime beaucoup les ~².
l'oignon ⚠ [lɔɲɔ̃] *m.*	die Zwiebel	Ils coûtent combien, les ~³?
la pomme de terre [lapɔmdətɛʀ] / ⚠ **les pommes de terre** [lepɔmdətɛʀ] *pl.*	die Kartoffel	Je voudrais trois kilos de ~⁶, s'il vous plaît.
la banane [labanan]	die Banane	Un kilo de ~⁴, s'il vous plaît.
le concombre [ləkɔ̃kɔ̃bʀ]	die Gurke	Tu achètes un ~?
la pièce [lapjɛs]	das Stück	Les concombres coûtent 1 euro la ~.
la pêche [lapɛʃ]	der Pfirsich	Deux kilos de ~⁵, ça fait combien?
l'abricot [labʀiko] *m.*	die Aprikose	J'aime les pêches, mon frère préfère les ~⁷.
la carotte [lakaʀɔt]	die Möhre	Pauline achète un kilo de ~⁸.

l'orange [lɔʀɑ̃ʒ] f.	die Orange	Paul n'aime pas les ~9.
le poulet [ləpulɛ]	das Hühnchen	Antoine achète un ~ et des oignons.
la bouteille [labutɛj]	die Flasche	Mets la ~ sur la table, s'il te plaît.
le jus de fruits [ləʒydfʀɥi]	der Fruchtsaft	Avec le gâteau, je voudrais un ~.
l'eau [lo] f.	das Wasser	Je voudrais un peu d'~ dans mon jus de fruits.
le pot [ləpo]	der Topf, das Glas	Qu'est-ce qu'il y a dans le ~?
la crème [lakʀɛm]	die Sahne *auch:* die Creme	Elle achète un pot de ~.
la tablette [latablɛt]	die Tafel *Schokolade*	Dans le sac de Paul, il y a une ~ de chocolat.

une tablette de

un kilo de

une bouteille de

un pot de

deux moitiés de

un tube de

5

grand [gʀɑ̃] *m.* / **grande** [gʀɑ̃d] *f. adj* — groß — Notre collège est très ~.

petit [pəti] *m.* / **petite** [pətit] *f. adj.*
▲ petite ≠ grande — klein — Ma chambre est ~¹⁰.

le pain [ləpɛ̃] — das Brot — Paul a le ~ et le beurre.

Für die Franzosen ist das Brot die Begleitung zu allem, was sie essen. Eine warme Mahlzeit ohne Brot ist undenkbar. Gleichwohl wird das Brot nicht so oft wie in Deutschland als belegtes Brot gegessen: Seine Bedeutung hat es – von der Vorspeise bis zum Käse – als Beilage. Neben dem berühmten Baguette findet man in Frankreich über 80 verschiedene regionale Brotspezialitäten, darunter Landbrote (pain de campagne), Nussbrote und Rosinenbrote.

le miel [ləmjɛl] — der Honig — Pauline achète un pot de ~.

le rayon [ləʀɛjɔ̃] — *hier:* die Abteilung — Au ~ «fruits et légumes», on peut acheter des bananes.

le bricolage [ləbʀikɔlaʒ] — das Basteln *hier:* das Heimwerken — J'aime le ~.

fort [fɔʀ] *m.* / **forte** [fɔʀt] *f.*
adj.

1. stark 2. laut

Tarik est assez ~.

La musique (die Musik) est forte.

 Il est très fort.

l'éléphant [lelefã] *m.*

der Elefant

Manon photographie un ~.

le plafond [ləplafɔ̃]

die Decke

Valentin regarde le ~.

contre [kɔ̃tʀ]
⚠ contre ≠ pour

gegen, dagegen

– On prépare l'interro ensemble, demain?
– Non, je suis ~.

Ça ne va pas? [sanəvapɑ]

Geht's dir nicht gut? Ist etwas nicht in Ordnung?

Qu'est-ce que tu as? ~?

5

la pomme [lapɔm] (p. 67/5)   der Apfel

Adèle mange souvent des ~[11].

⚠ *Im Französischen weiblich*

le citron [ləsitʀɔ̃] (p. 67/5)   die Zitrone

Je voudrais un ~ et un kilo de pêches, s'il vous plaît.

⚠ *Im Französischen männlich*

fruits et légumes

une orange   *un citron*   *une pomme*   un concombre   une carotte

une banane   une pêche   un abricot   une pomme de terre   une tomate   un poivron   un oignon

1 poivrons 2 tomates 3 oignons 4 bananes 5 pêches 6 pommes de terre 7 abricots 8 carottes 9 oranges 10 petite 11 pommes

Il est quelle heure? [ilɛkɛlœʀ]

Wie spät ist es?

Maman, ~?

l'heure/h [lœʀ] *f.*

Uhr *nach einer Zahl, sonst:* die Stunde

Il est 8 ~¹ maintenant.

Im Französischen steht heure *nach den Zahlen 2–24 im Plural und bekommt ein* -s.

Vergleiche:

une heure	ein Uhr
deux heures	zwei Uhr
14 heures	14 Uhr

le quart [ləkaʀ]

die Viertelstunde, das Viertel

Il est 3 heures et ~.

demi [dəmi] *m.* / **demie** [dəmi] *f.*

halb

On mange toujours à une heure et ~².

Unterscheide:	*Bezugswort*	*Geschlecht*	*Beispiel*
	heure	*weiblich*	Il est 3 heures et demie.
	minuit, midi	*männlich*	Il est midi et demi.

6

moins [mwɛ̃]	weniger, minus	Je suis au collège à 8 heures ~ le quart.
midi [midi] *m.*	12.00 Uhr, Mittag	À ~, je mange à la cantine.
minuit [minɥi] *m.*	Mitternacht	Il est ~.
la montre [lamɔ̃tʀ]	die Armbanduhr	Tarik cherche sa ~.
l'horloge [lɔʀlɔʒ] *f.*	die Uhr	Rémi achète une ~ au marché aux puces.

une montre   une horloge

la vitrine [lavitʀin]	das Schaufenster *auch:* der Glasschrank	Dans la ~ de la boulangerie, il y a des gâteaux.

1 heures   2 demie

l'emploi du temps [lãplwadytã] *m.* — der Stundenplan — Regarde mon ~. C'est l'horreur!

vendredi [vãdʀədi] *m.* — Freitag *auch:* am Freitag — ~, je vais au cirque avec Paul.

mai [mɛ] *m.* — Mai — En ~, je vais chez ma tante.

Die Monate des Jahres findest du auf S. 139.

content [kɔ̃tã] *m.* / **contente** [kɔ̃tãt] *f. adj.* — zufrieden *auch:* glücklich — Hélène a un message de sa correspondante. Elle est très ~[1].

la fin [lafɛ̃] — das Ende — La ~ du film est super!

à la fin [alafɛ̃] = zum Schluss

la semaine [lasəmɛn] — die Woche

de ... à ... [dəa] — von ... bis ... — ~ 10 ~ 11, je danse.

à 11 heures [aɔ̃zœʀ] — um 11 Uhr — Moi, je rentre ~.

le cours [ləkuʀ] die Unterrichtsstunde, der Unterricht *auch:* der Kurs *In Frankreich dauert eine Unterrichtsstunde in der Regel 55 Minuten* Le mercredi, nous avons ~ à 9 heures.

le cours

la cour

les courses

les maths [lemat] *f. pl. fam.* ou: **les mathématiques** [lematematik] *f. pl.* Mathe J'aime ~.

le bulletin [ləbyltɛ̃] das Zeugnis Lucie cherche son ~ dans son sac.

Elle a 7/20. [ɛlasɛtsyʀvɛ̃] Sie hat 7 von 20 Punkten. J'ai ~ à l'interro de physique. Et toi?

In Frankreich gibt es Noten von 0 bis 20, wobei die 20 der deutschen 1 entspricht.

être nul/nulle en qc [ɛtʀnylɑ̃]	in etw. sehr schwach / eine Null / eine Niete sein	Anne est ~² en maths.

*Das Adjektiv nul/nulle darfst du **nicht** für die Zahl Null verwenden. Diese heißt auf Französisch zéro [zeʀo].*

simple [sɛ̃pl] *m./f. adj.*	leicht, einfach	Aujourd'hui, on a des devoirs assez ~³.
la solution [lasɔlysjɔ̃]	die Lösung	Alors, est-ce que tu as la ~?
bon [bɔ̃] *m.* / **bonne** [bɔn] *f. adj.*	gut	Maryse est ~⁴ en allemand.
tout [tu]	alles	
même [mɛm] *adv.*	sogar, selbst	Karine est bonne en tout, ~ en boxe.
l'après-midi [lapʀɛmidi] *m./f.*	der Nachmittag *auch:* am Nachmittag	Demain ~, les élèves de la 6ᵉ B n'ont pas cours.
le dessin [lədɛsɛ̃]	das Zeichnen *auch:* die Zeichnung	J'aime la géographie, mais je préfère le ~.
le sport [ləspɔʀ]	der Sport	Nathalie fait beaucoup de ~.

intéressant [ɛ̃teʀɛsɑ̃] *m.* / **intéressante** [ɛ̃teʀɛsɑ̃t] *f.* *adj.*

interessant

Ton livre est très ~.

en ce moment [ɑ̃səmomɑ̃]

zur Zeit, im Augenblick

~, j'écoute beaucoup «Louise Attaque».

la piscine [lapisin]

das Schwimmbad

Je vais à la ~ avec mon ami.

fermer qc [fɛʀme]

etwas schließen

La secrétaire ~[5] le secrétariat.

habiter à quinze minutes de [abiteakɛ̃zminytdə]

15 Minuten von etw. oder einem Ort entfernt wohnen

Vincent ~[6] l'hôpital.

lundi [lɛ̃di] *m.*

Montag *auch:* am Montag

~, j'ai une interro de géographie.

mardi [maʀdi] *m.*

Dienstag *auch:* am Dienstag

On va chez Lucie, ~?

mercredi [mɛʀkʀədi] *m.*

Mittwoch *auch:* am Mittwoch

~, nous faisons nos devoirs ensemble.

jeudi [ʒødi] *m.*

Donnerstag *auch:* am Donnerstag

~, on regarde un film avec Madame Faure.

Die Wochentage findest du auf S. 139.

 la musique [lamyzik]

die Musik

Tu aimes la ~?

la récréation [laʀekʀeasjɔ̃] ou la récré [laʀekʀe] *fam.*	die Pause	Je n'aime pas l'école, mais j'aime la ~!
l'éducation civique [ledykasjɔ̃sivik] *f.*	*Unterrichtsfach in Frankreich, bedeutet so viel wie staatsbürgerliche Erziehung, entspricht in etwa Sozialkunde / Gemeinschaftskunde / Politischer Weltkunde*	Le jeudi, Tarik et Manon ont cours d'~.
l'histoire [listwaʀ] *f.*	Geschichte	La prof d'~ est sympa.
les études dirigées [lezetytdiʀiʒe] *f. pl.*	*in Frankreich im Stundenplan vorgesehene feste Zeit, in der die Schüler ihre Hausaufgaben unter Aufsicht anfertigen*	En ~, on fait nos devoirs.
l'anglais [lɑ̃glɛ] *m.*	Englisch	Mathilde n'aime pas beaucoup l'~.
les S.V.T. [leɛsvete] ou **les sciences de la vie et de la terre** *f. pl.* [lesjɑ̃sdəlaviedəlatɛʀ]	*in etwa:* Mensch – Natur – Umwelt *entspricht dem Fach Biologie*	Tu fais tes exercices de ~?

la technologie [latɛknɔlɔʒi]   die Arbeitslehre   Pauline n'aime pas beaucoup la ~.

Um zu sagen, wann du welches
Fach hast, verwendest du –
wie im Deutschen auch – avoir
(haben) + Fach ohne Artikel.

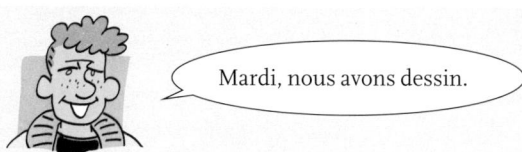

Mardi, nous avons dessin.

jusque [ʒysk]   bis   On a cours ~[7] à 17 heures.

à quelle heure [akɛlœʀ]   um wie viel Uhr?   ~ est-ce que tu rentres?

avant [avɑ̃]   vor *zeitlich, nicht räumlich*   Je fais toujours mes devoirs ~ 18 heures.

Unterscheide:

avant – après   → *zeitlich*   avant le cours – après le cours = vor/nach dem Unterricht
devant – derrière → *räumlich* devant la maison – derrière la maison = vor/hinter dem Haus

1 contente 2 nulle 3 simples 4 bonne 5 ferme 6 habite à quinze minutes de 7 jusqu'

UNITÉ 6, SÉQUENCE 2

🔍 **la mémoire** [lamemwaʀ]   das Gedächtnis

attendez [atɑ̃de]   wartet! *Imperativ 2. Pers. Pl. von* attendre

attendre qn/qc [atɑ̃dʀə]   auf jdn/etw. warten   Tarik ~¹ Manon devant l'école.
→ Verbes, p. 142

🔍 **continuer** [kɔ̃tinɥe]   *hier:* weitergehen   Paul attend Pauline, mais ses copains
auch: weitermachen   ~².

tard [taʀ] *adv.*   spät   Va au lit, Martin! Il est ~!

dis [di] *fam.*   sag mal!   ~, Léo, tu peux arrêter la télé?

quand [kɑ̃]   wann   – ~ est-ce que tu as dessin?
– À 11 heures.

le mardi [ləmaʀdi]   dienstags   ~, je vais au cours de danse.

⚠ *Unterscheide:*

mit dem bestimmten Artikel: **le** dimanche = sonntags, jeden Sonntag   → *mehrmals oder immer*
ohne Artikel: ✗ dimanche = am Sonntag, an diesem Sonntag → *nur einmal*

l'explication de texte [lɛksplikasjɔ̃dətɛkst] *f.*

die Textinterpretation *häufige Schulaufgabe in Frankreich: ein Aufsatz, in dem man einen literarischen Text erklärt*

Ce soir, Paul fait une ~.

la baguette [labagɛt]

das Baguette

– Annabelle, tu achètes une ~ après l'école? – D'accord.

le pain au chocolat [ləpɛ̃oʃɔkɔla]

das Schokocroissant

Lucie mange un ~.

miam miam! [mjamjam]

hm, lecker! *Ausruf*

la fable [lafablə]

die Fabel

Laura aime beaucoup les ~³ de La Fontaine

La Cigale et la Fourmi [lasigalɛlafuʀmi]

Die Grille und die Ameise *Fabel von Jean de La Fontaine* → Civilisation, p. 144

Machinchose [maʃɛ̃ʃoz] *fam.*

Dingsda, Dingsbums

La Fontaine [lafɔ̃tɛn]

französischer Dichter → Civilisation, p. 144

le cahier de textes [ləkajedətɛkst]	das Hausaufgabenheft	Manon regarde son ~: oh, là, là, elle a beaucoup de devoirs pour demain!
répondre à qn/qc [ʀepɔ̃dʀə]	jdm / auf etw. antworten *wird wie* attendre *konjugiert* → Verbes, p. 142	Valentin ne ~⁴ pas à la question.

répondre au téléphone = ans Telefon gehen

la question [lakɛstjɔ̃]	die Frage	Est-ce que tu devines ma ~?

poser une question = eine Frage stellen

la page [lapaʒ]	die Seite	Regardez le dessin à la ~ 55.
noter qc [nɔte]	etw. notieren, etw. aufschreiben	Lucie ~⁵ les devoirs dans son cahier de textes.
la carte postale [lakaʀtpɔstal] (p. 89/7)	die Ansichtskarte	Manon achète une ~ pour sa mère.

| *la télécarte* [latelekaʀt] (p. 89/7) | die Telefonkarte | Dis, tu as une ~? |
| *le timbre* [lətɛ̃bʀ] (p. 89/7) | die Briefmarke | Moi, j'achète toujours mes ~[6] à la poste. |

1 attend   2 continuent   3 fables   4 répond   5 note   6 timbres

UNITÉ 6, SÉQUENCE 3

le réveil [ləʀevɛj]	der Wecker	Je ne trouve pas mon ~.
sonner [sɔne]	klingeln	Le téléphone ~[1].
Allez hop! [aleɔp]	Los!	
être en retard [ɛtʀɑ̃ʀətaʀ]	sich verspäten, zu spät kommen	Yann ~[2].
pourquoi [puʀkwa] *conj.*	warum	~ est-ce que vous n'allez pas à l'école?
il prend [ilpʀɑ̃]	er nimmt 3. *Pers. Sg von* prendre	
prendre qc [pʀɑ̃dʀ]	etw. nehmen → Verbes, p. 143	Je ~[3] mon sac et j'arrive.

Das Verb prendre *wird im Französischen auch verwendet, um jemanden zu fragen, was er gern essen oder trinken möchte, und um auf eine solche Frage zu antworten.*

le petit-déjeuner [ləptideʒœne] ⚠ **les petits-déjeuners** [leptideʒœne] *pl*.

das Frühstück

Tu prends le ~ avec tes parents?

le beurre — le chocolat — *un œuf* [œf]
le jus d'oranges — — *le lait*
— — *la confiture*
les fruits *m. pl.* — — le pain
— — *le café*
le miel — le sucre

prendre le petit-déjeuner [pʀɑ̃dʀləptideʒœne]

frühstücken

ils apprennent [ilzaprɛn]	sie lernen *3. Pers. Pl. von* apprendre	
apprendre qc [aprãdrə]	lernen *wird wie* prendre *konjugiert* → Verbes, p. 143	J'~4 le français et j'aime ça.
la leçon [laləsɔ̃] **⚠** the lesson	die Lektion, die Stoffeinheit	
bientôt [bjɛ̃to]	bald	C'est ~ vendredi.
le bus [ləbys]	der Bus	– Voilà mon ~. À plus! – Salut. À demain.
être en avance [ɛtrãnavãs]	zu früh kommen	Aujourd'hui, Paul ~5.
le pied [ləpje]	der Fuß	
à pied [apje]	zu Fuß	Clémence va à l'école ~.
le temps [lətã]	die Zeit	Aujourd'hui, je fais les courses, j'ai le ~.

je n'ai pas **le** temps = ich habe keine Zeit

passer [pɑse] | *hier:* vergehen

vite [vit] *adv.*	schnell	Pour Manon, le temps passe trop ~.
pendant [pãdã]	während	Le garçon regarde la fille ~ cinq minutes.
triste [tʁist] *m./f. adj.* **▲** triste ≠ content	traurig	– Paul, pourquoi est-ce que tu es ~? – J'ai un sept en allemand.
parce que [paʁskə] *conj.*	weil	Nous rentrons ~ nous mangeons à sept heures.
le conservatoire [ləkɔ̃sɛʁvatwaʁ]	die Musikschule	Super! Demain je vais au ~!
la trompette [latʁɔ̃pɛt]	die Trompete	À 18 heures, Pierre a son cours de ~.
la clarinette [laklaʁinɛt]	die Klarinette	Mélanie apprend la ~.
l'autre [lotʁ] *m./f.*	der/die andere	Je vais à la piscine avec les ~[6].
l'intello [lɛ̃tɛlo] *m./f. fam.* ou: **l'intellectuel** [lɛ̃tɛlɛktyɛl] *m.* / **l'intellectuelle** [lɛ̃tɛlɛktyɛl] *f.*	der/die Intellektuelle *hier:* der/die Streber/in	Tu as dix-neuf en maths! Tu es un ~!
intelligent [ɛ̃tɛliʒã] *m.* / **intelligente** [ɛ̃tɛliʒãt] *f. adj.*	intelligent	Est-ce que Paul est très ~?

tu comprends [tykɔ̃pʀɑ̃]	du verstehst *2. Pers. Sg. von* comprendre	
comprendre qn/qc [kɔ̃pʀɑ̃dʀə]	jdn./etw. verstehen *wird wie* prendre *konjugiert* → Verbes, p. 143	– Est-ce que tu ~⁷ la question? – Oui, pourquoi?
la faute [lafot]	*hier:* die Schuld	On est en retard, c'est la ~ de Pierre.

Ce n'est pas **ma** faute.   Ce n'est pas **notre** faute.
Ce n'est pas **ta** faute.   Ce n'est pas **votre** faute.
Ce n'est pas **sa** faute.   Ce n'est pas **leur** faute.

le train [lətʀɛ̃] (p. 92/5)	der Zug	Le ~ arrive à 14 heures 30.
le métro [ləmetʀo] (p. 92/5)	die U-Bahn (die Untergrundbahn)	Je prends souvent le ~.
le tram [lətʀam] *fam.* ou: *le tramway* [lətʀamwɛ] (p. 92/5)	die Straßenbahn	À Paris, il n'y a pas de ~.

1 sonne 2 est en retard 3 prends 4 apprends 5 est en avance 6 autres 7 comprends

UNITÉ 7, Approches

le dossier [lədosje]	die Mappe	Les enfants font un ~ sur Lyon.
la promenade [lapʀɔmnad]	der Spaziergang	On fait une ~ avec le chien?
la soie [laswa]	die Seide	Ma mère aime beaucoup la ~.
des [de] *pl.*	*zusammengezogener Artikel aus* de + les	Ce sont les cahiers ~ élèves de la cinquième B.
le canut [ləkany]	der Seidenweber in Lyon → Civilisation, p. 144	
du [dy] *m.*	*zusammengezogener Artikel aus* de + le	C'est la musique ~ film «Matrix».

Der Artikel *le* macht Müh: denn aus *de* und *le* wird *du*.

Und auch der Artikel *les* verschmilzt mit *de* immer zu *des*.

le parc [ləpaʀk]
⚠ the park

der Park

Le dimanche, je fais toujours une promenade dans le ~.

visiter qc [vizite]

etw. besichtigen *(eine Stadt, ein Museum usw.)*

– Où est Tarik?
– Il ~¹ la ville.

le parc de la Tête d'Or [ləpaʀkdəlatɛtdɔʀ]

große Parkanlage in Lyon
→ Civilisation, p. 145

le jardin [ləʒaʀdɛ̃]

der Garten

Les enfants jouent dans le ~.

le Jardin des plantes [ləʒaʀdɛ̃deplɑ̃t]

der Botanische Garten
→ Civilisation, p. 145

À Lyon, il y a un ~.

les frères Lumière [lefʀɛʀlymiɛʀ]

Erfinder des Kinos
→ Civilisation, p. 144

Bertrand Tavernier [bɛʀtʀɑ̃tavɛʀnje]

französischer Filmemacher
→ Civilisation, p. 145

le savant [ləsavɑ̃] /
la savante [lasavɑ̃t]

der/die Wissenschaftler/in

Albert Einstein est un ~.

André-Marie Ampère [ɑ̃dʀemaʀiɑ̃pɛʀ]

französischer Physiker
→ Civilisation, p. 144

l'aviateur [lavjatœʀ] *m.* / **l'aviatrice** [lavjatʀis] *f.*	der/die Pilot/in	Le père de Luc est ~.
l'écrivain [lekʀivɛ̃] *m.* ⚠ *Es gibt nur die männliche Form!*	der/die Schriftsteller/in	La Fontaine est ~.
Antoine de Saint-Exupéry [ɑ̃twandəsɛ̃tɛxypeʀi]	*französischer Schriftsteller und Pilot* → Civilisation, p. 144	
le cuisinier [ləkɥizinje] / **la cuisinière** [lakɥizinjɛʀ]	der Koch / die Köchin	– Michel est ~? – Non, il est vendeur.
Paul Bocuse [polbokyz]	*französischer Starkoch* → Civilisation, p. 144	
la chimie [laʃimi]	die Chemie	Pour moi, la ~, c'est l'horreur.

1 visite

UNITÉ 7, SÉQUENCE 1

Fantômas [fãtomas]   *erfundene Gangsterfigur*
→ Civilisation, p. 144

adorer qc [adɔʀe]   etw. lieben, sehr lieben   Sylvie ~[1] la danse.
⚠ *Steht immer mit dem bestimmten Artikel.*

voici [vwasi]   da ist, da sind; das ist, das sind   ~ la maison de Nicolas.

le chef [ləʃɛf]   der Chef

en face de [ãfasdə]   gegenüber von   Le cinéma est ~ l'école.

le bandit [ləbãdi]   der Bandit   Nous cherchons un ~.

le policier [ləpɔlisje]   der Polizist   Le père de mon amie est ~.

l'allée [lale] *f.*   *hier:* die Gasse, der Gang *auch:* die Allee

les [le]   sie *direktes Objektpronomen, steht für ein männl. oder weibl. direktes Objekt im Pl.*   Où sont Tarik et Valentin? Nous ~ cherchons.

l'immeuble [limœbl] *m.*   das Gebäude   Fantômas entre dans l'~.

le [lə]	ihn *direktes Objektpronomen, steht für ein männl. direktes Objekt*	Le livre sur Paris est super. Je ~ prends.
il sort [ilsɔʀ]	er geht hinaus *3. Pers. Sg. von* sortir	
sortir [sɔʀtiʀ]	hinausgehen, losgehen → Verbes, p. 142	Le policier ~² de l'immeuble.
détester qc [detɛste] ⚠ *Steht immer mit dem bestimmten Artikel.* ⚠ détester ≠ adorer	etw. hassen, nicht mögen	Les souris ~³ les chats.
le plan [ləplɑ̃]	der Plan	– Où est la poste? – Je ne sais pas, mais j'ai un ~ de la ville.
j'ai le plan sur moi [jeləplɑ̃syʀmwa]	ich habe den Plan dabei	
la tête [latɛt]	der Kopf	
faire la tête = schmollen		
l'imbécile [lɛ̃besil] *m./f.*	der Dummkopf	Michel est un ~.

je pars [ʒəpaʀ]	ich gehe weg *1. Pers. Sg. von* partir	
partir [paʀtiʀ]	weggehen *wird wie* sortir *konjugiert* → Verbes, p. 142	Je prends mon sac et ~4.
retrouver qn/qc [ʀətʀuve]	jemanden treffen *auch: etw./jdn* wiederfinden	Sandrine ~5 ses amis à l'école.
la [la]	sie *direktes Objektpronomen, steht für ein weibl. direktes Objekt*	Lucie trouve une photo dans la rue. Elle ~ regarde.

Die Objektpronomen sind so klein, die wollen gut behütet sein.

Damit sie nicht verloren gehn, solln sie direkt vor der Verbform stehn!

Messieurs [mesjø] *m. pl.*	Meine Herren *Anrede für mehrere Männer*	Bonjour, ~.
la vie [lavi]	das Leben	Les élèves font un film vidéo sur la ~ au collège.

1 adore 2 sort 3 détestent 4 pars 5 retrouve

la légende [lalezɑ̃d]   die Legende   Paul aime la ~ du Gros Caillou.

raconter qc [ʀakɔ̃te]   etw. erzählen   M. Pennac ~[1] une histoire.

le cœur [ləkœʀ]   das Herz   M. Tourmente n'a pas de ~.

le/la pauvre [lə/lapovʀə]   der/die Arme   Le ~ n'a pas d'argent.

le jour [ləʒuʀ]   der Tag

un jour [ɛ̃ʒuʀ]   *hier:* eines Tages   M. Mirelli rentre toujours à 18 heures. Mais ~, il rentre à 22 heures.

l'homme [lɔm] *m.*   der Mann
⚠ *Nicht für „der Ehemann"!*   – Qui est l'~ devant l'école?
– C'est notre professeur de gym.

être au chômage [ɛtʀoʃomaʒ]   arbeitslos sein   Le père de Luc ~[2].

parler de qn/qc [paʀle]   über jdn/etw. sprechen, von jdm/etw. reden   Matthieu ~[3] souvent ~ son chat.

la femme [lafam]   die Frau, die Ehefrau   – C'est qui? – C'est la ~ de M. Pennac.

nous disons [nudizɔ̃]	wir sagen *1. Pers. Pl. von* dire	
dire qc à qn [diʀ]	jdm etw. sagen → Verbes, p. 142	Voilà le policier. Il ~⁴: «Où est Fantômas?»

dire bonjour à qn = jdm „Guten Tag" sagen, jdn begrüßen
dire au revoir à qn = jdm „Auf Wiedersehen" sagen, sich von jdm verabschieden
dire merci à qn = jdm „Danke" sagen, sich bei jdm bedanken

la vérité [laveʀite]	die Wahrheit	Étienne et moi, nous disons toujours ~.
la faim [lafɛ̃]	der Hunger	Les élèves ont ~.

avoir faim = Hunger haben

nous [nu]	uns *direktes Objektpronomen*	Il ~ attend devant la boulangerie.
vous [vu]	euch, Sie *direktes Objektpronomen*	Je ~ écoute.
me [mə]	mich *direktes Objektpronomen*	– Tu ~ cherches? – Non, je cherche Julien.

regarder qn [ʀəgaʀde]	*hier:* jdn etw. angehen	Ça ne te ~⁵ pas.
intéresser qn [ɛ̃teʀese]	jdn interessieren	La musique, ça m'~⁶.
pleurer [plœʀe]	weinen	L'enfant tombe et ~⁷.
le fils [ləfis]	der Sohn	Regarde, c'est le ~ de ma prof de maths.
à ton âge [atɔ̃nɑʒ]	in deinem Alter	~, on va au collège.
te [tə]	dich *direktes Objektpronomen*	Léo ~ cherche.

Vor einem Verb, das mit Vokal oder stummem h beginnt, werden die direkten Objektpronomen me, te, le, la zu m', t', l' verkürzt!

méchant [meʃɑ̃] *m.* **méchante** [meʃɑ̃t] *f. adj.*	böse, bösartig	Ma voisine n'est pas ~⁸, elle est sympa.
le Bon Dieu [ləbɔ̃djø]	der liebe Gott	

il entend [ilãtã]	er hört *3. Pers. Sg. von* entendre	Il ~[9] une clarinette.
entendre [ãtãdʀ]	hören *wird wie* attendre *konjugiert* → Verbes, p. 142	

Il écoute mais il n'entend pas.

drôle [dʀol] *m./f. adj.*	lustig	Le film sur les éléphants est très ~.
puis [pɥi]	dann	
à la place de [alaplasdə] **⚠** *Folgt darauf ein männl. Nomen im Sg., wird aus* de + le = du, *folgt ein Nomen im Pl., wird aus* de + les = des!	anstelle von	Jean Tourmente a un caillou ~[10] cœur.
aux pieds [opje]	*hier:* vor die Füße	
peser [pəze]	wiegen *wird wie* acheter *konjugiert* → Verbes, p. 142	Les livres ~[11] beaucoup.

le quai [ləke]	*hier:* das Ufer, die Straße am Flussufer *auch:* der Kai, die Anlegestelle am Hafen	
le pont [ləpɔ̃]	die Brücke	Voilà un ~ sur le fleuve.
déjà [deʒa]	schon	Il est midi. Clémence est ~ à la maison.
la tonne [latɔn]	die Tonne	Un éléphant pèse entre 5 et 10 ~¹².

1 raconte 2 est au chômage 3 parle de 4 dit 5 regarde 6 intéresse 7 pleure 8 méchante 9 entend 10 à la place du 11 pèsent 12 tonnes

UNITÉ 7, SÉQUENCE 3

l'interview [lɛ̃tɛʀvju] *f.* ⚠ *Im Französischen weiblich!*	das Interview	Paul fait une ~ dans la rue.
les gens [leʒɑ̃] *m. pl.*	die Leute	Sur la place Bellecour, il y a beaucoup de ~.
tu vas voir [tyvavwaʀ]	du wirst sehen	Le cirque, ~, c'est génial!

facile [fasil] *m./f. adj.*	leicht, einfach	Je cherche un cadeau pour ma copine, mais ce n'est pas ~.
parler à qn [paʀle]	mit jdm sprechen	Nadine ~¹ sa mère.

> *Du musst mit jedem Verb gleich mitlernen, ob es einen direkten oder einen indirekten Anschluss hat. Am besten trägst du das in dein Vokabelheft mit ein: Die Abkürzung qn steht für quelqu'un (jemand), qc steht für quelque chose (etwas).*

la place des Terreaux [laplasdeteʀo]	*Platz in Lyon*	
pour [puʀ]	*hier:* wegen	J'aime mon quartier ~ son marché aux puces.
le théâtre [ləteatʀə]	das Theater	Samedi, on va au ~.
le musée [ləmyze]	das Museum	À Lyon, il y a beaucoup de ~².
demander (qc) à qn [dəmãde]	jdn (etw.) fragen	Paul ~³ Manon: «On va à la piscine?»
quand [kã] *conj.*	*hier:* wenn, immer wenn	
nous venons [nuvənɔ̃]	wir kommen *1. Pers. Pl. von* venir	

venir [vəniʀ]	kommen → Verbes, p. 143	Nous ~⁴ chez toi à 17 heures.
le restaurant [ləʀɛstɔʀã]	das Restaurant	Aujourd'hui, on mange au ~.
l'andouillette [lãdujɛt] *f.*	*die* Andouillette *ist eine kleine Wurst aus Innereien*	
ensuite [ãsɥit]	danach, anschließend	D'abord je fais mes devoirs et ~ je regarde la télé.
la jeune fille [laʒœnfij]	das junge Mädchen	La ~ dit: «J'aime ma ville».
la terrasse [latɛʀas] **▲** the terrace	die Terrasse	Ce soir, on mange sur la ~.
le café [ləkafe]	*hier:* das Café, die Kneipe *auch:* der Kaffee	Après l'école, les copains vont au ~.
le magasin [ləmagas̃ɛ]	das Geschäft	Vincent attend son copain devant le ~.

Unterscheide:

le magasin [ləmagaz̃ɛ]   le magazine [ləmagazin]

la fleur [laflœʀ]	die Blume	Léa veut acheter des ~⁵.

poser une question (à qn)
[pozeynkɛstjɔ̃]

jdm eine Frage stellen

Monsieur, je peux ~?

Stellung im Satz:

Subjekt – **V**erb – **d**irektes Objekt – **i**ndirektes Objekt
*Mit dem Satz „**S**chreib **v**on **d**er **I**nsel!" merkst du dir die Reihenfolge.*

la jeune femme [laʒœnfam]

die junge Frau

La ~ répond aux questions de Lucie.

la campagne [lakɑ̃paɲ]

das Land, die dörfliche Gegend
⚠ *Nicht im Sinne von „der Staat"!*

Manon aime la ville. Valentin préfère la ~.

respirer [ʀɛspiʀe]

atmen

Moi, à la campagne, je ~[6].

il fait chaud [ilfɛʃo]

es ist heiß/warm

Aujourd'hui, ~.

il fait chaud

il fait froid

heu [ø]	hm *zur Überbrückung einer Pause*	
la gare [lagaʀ]	der Bahnhof	La ~ est près d'ici.
désolé/e [desole] *m./f. adj.*	Es tut mir leid.	~, tu ne peux pas venir avec nous au cinéma.
Je n'ai pas le temps. [ʒənepalətɑ̃]	Ich habe keine Zeit.	
Qu'est-ce que ça veut dire? [kɛskəsavødiʀ]	Was bedeutet das?	Le dessin sur la porte, là, ~?

1 parle à 2 musées 3 demande à 4 venons 5 fleurs 6 respire

UNITÉ SUPPLÉMENTAIRE, États d'AM

États d'AM [etadam]	*Titel der Schülerzeitung, Anspielung auf* état d'âme (= Seelenzustand)	
le journal / les journaux pl. [ləʒuʀnal]/[leʒuʀno]	die Zeitung	Éric achète un ~ pour sa grand-mère.

UNITÉ SUPPLÉMENTAIRE, SÉQUENCE 1

le quiz [ləkwiz]   das Quiz

le Tour de France   die „Tour de France" *wörtlich:* die   Tu regardes le ~ à la télé, ce soir?
[lətuʀdəfʀɑ̃s]   Frankreichrundfahrt

Tour de France
*eigentlich Bezeichnung für das größte Radrennen der Welt, das
drei Wochen lang durch französische Städte und Regionen führt.
Die letzte Etappe endet auf der Pariser Prachtstraße Champs-
Élysées. Das Gelbe Trikot (le maillot jaune), das begehrteste
Kleidungsstück der Tour de France, trägt der Gesamtführende.
Die „Tour de France" feierte 2003 ihr 100. Jubiläum.*

vous savez [vusave]   ihr wisst 2. Pers. Pl. *von* savoir

savoir qc [savwaʀ]   etw. wissen (→ p. 125/2)   Qu'est-ce que vous ~¹ sur la France?

ce/cet [sə/sɛt] *m.* /   dieser, diese, dieses   Tu aimes ~² bédé?
cette [sɛt] *f.* / *ces* [se] *pl.*

ce soir = heute Abend   cet après-midi = heute Nachmittag   cette semaine = diese Woche

la région [laʀeʒjɔ̃]	die Region, das Gebiet	Est-ce que tu aimes cette ~?
être situé/e [ɛtʀsitɥe]	gelegen sein	Cette ville ~³ sur une colline.
la montagne [lamɔ̃taɲ]	die Berge, das Gebirge	Mes grands-parents habitent à la ~.
la frontière [lafʀɔ̃tjɛʀ]	die Grenze	Est-ce qu'il y a encore une ~ entre la France et l'Allemagne?
autre [otʀ] *m./f. adj.*	andere/-r/-s	Élodie veut acheter un ~ cadeau pour sa sœur.
le pays [ləpei]	das Land	Dans ce ~, il fait toujours chaud.
la cigogne [lasigɔɲ]	der Storch	Regarde! Une ~ devant la maison!
la choucroute [laʃukʀut]	das Sauerkraut	Je n'aime pas la ~. Et toi?
l'oiseau [lwazo] *m. /* ⚠ *les oiseaux* [lezwazo] *pl.*	der Vogel	La cigogne est un ~.
le tunnel [lətynɛl]	der Tunnel	Le bus sort du ~.
la mer [lamɛʀ]	das Meer	Tu préfères la ~ ou la montagne?
l'Angleterre [lɑ̃ɡlətɛʀ] *f.*	England	J'adore l'~ et les Anglais.
célèbre [selɛbʀ] *m./f. adj.*	berühmt	Juliette Binoche est très ~.

le Gaulois [ləgolwa]	der Gallier	Astérix, c'est un ~.
Lutèce [lytɛs] *f.*	*römischer Name für Paris*	
la capitale [lakapital]	die Hauptstadt	Berlin est la ~ de l'Allemagne.
le volcan [ləvɔlkã]	der Vulkan	En France, il y a des ~⁴.
dangereux [dãʒəʀø] *m.* / *dangereuse* [dãʒəʀøz] *f. adj.*	gefährlich	La boxe, c'est ~.
la préfecture [lapʀefɛktyʀ]	die Präfektur *Sitz der Verwaltung eines Departements / einer Region*	
fabriquer qc [fabʀike]	etw. herstellen, etw. fabrizieren	À Limoges on ~⁵ des assiettes?
le pneu [ləpnø]	der Reifen	Où est-ce qu'on peut acheter des ~⁶.
au bord de la mer [obɔʀdəlamɛʀ]	am Meer	
la crêpe [lakʀɛp]	der dünne Pfannkuchen, die Crêpe	Tu veux encore une ~?
l'aventure [lavãtyʀ] *f.* ⚠ the adventure [ad'ventʃə]	das Abenteuer	Tu aimes les ~⁷ de Tintin?

Obélix [obeliks]	Comic-Figur, bester Freund von Astérix	
par cœur [paʀkœʀ]	auswendig	Pour demain, j'apprends la fable de la Fontaine ~.
le soleil [ləsɔlɛj]	die Sonne	Au ~, on a chaud!
briller [bʀije]	scheinen	À Lyon, le soleil ~[8] souvent.
la plage [laplaʒ]	der Strand	Antoine adore aller à la ~.
la star [lastaʀ]	der Star ▲ Im Französischen weiblich!	Lucie rêve souvent des ~[9] du cinéma.
le festival [ləfɛstival]	das Festspiel, das Festival	Tu as des places pour le ~ de théâtre?
Benoît Magimel [bənwamaʒimɛl]	französischer Schauspieler	
Jennifer Lopez [ʒenifɛʀlopɛz]	amerikanische Schauspielerin	
le/la touriste [lə/latuʀist]	der/die Tourist/in	À Paris, il y a toujours beaucoup de ~[10].

1 savez 2 cette 3 est située 4 volcans 5 fabrique 6 pneus 7 aventures 8 brille 9 stars 10 touristes

UNITÉ SUPPLÉMENTAIRE, SÉQUENCE 2

ils aboient [ilzabwa]	sie bellen	Les chiens de mon voisin ~ beaucoup.
seul [sœl] *m.* / *seule* [sœl] *f.* *adj.*	allein	Ce soir, Paul est ~ à la maison.
promener qn [pʀɔməne]	jdn spazieren führen	Tu viens? On va ~ le chien.
au début [odeby]	am Anfang	~, le skate, ce n'est pas facile.
tout dépend de qn/qc [tudepɑ̃də]	alles hängt von jdm/etw. ab	– On va au cinéma jeudi? – ~ mon bulletin.
qui [ki]	der, die, das *Relativpronomen, immer Subjekt des Relativsatzes*	Paul attend le bus ~ est en retard aujourd'hui.
où [u]	wo *Relativpronomen, steht anstelle einer Ortsangabe*	C'est la boulangerie ~ j'achète mon pain au chocolat.
libre [libʀ] *m./f. adj.*	frei	– Je peux entrer dans la salle de bains? – Oui, c'est ~.
la crotte [lakʀɔt]	der Hundekot	Oh! L'horreur! Une ~ devant la porte!
on doit [ɔ̃dwa]	man muss	En cinquième, ~ beaucoup travailler.

ramasser qc [ʀamase]	etw. einsammeln, aufsammeln	Avant le cours, le prof ~[1] les devoirs des élèves.
surtout [syʀtu]	vor allem	J'aime bien l'école, ~ la récréation.
il aboie [ilabwa]	er bellt	Le chien de Nicolas ~ souvent le soir.
24 heures sur 24 [vɛtkatʀœʀsyʀvɛtkatʀ]	rund um die Uhr	Dans un hôpital, on travaille ~.
garder qn/qc [gaʀde]	auf jdn aufpassen, etw. behalten, etw. aufbewahren	Le mercredi après-midi, Nicole ~[2] sa sœur.
le facteur [ləfaktœʀ] / *la factrice* [lafaktʀis]	der/die Briefträger/in	Le père d'Émilie est ~.
le métier [ləmetje]	der Beruf	Ma mère aime beaucoup son ~.
que [kə]	den, die, das *Relativpronomen, immer Objekt des Relativsatzes*	Voilà un CD ~ j'écoute souvent.

que *wird vor Vokalen zu* qu' *apostrophiert*

sans [sã]	ohne	Elle habite dans un quartier ~ boulangeries.

la chatte [laʃat]	die Katze	J'ai une ~.
soigner qn [swaɲe]	jdn pflegen	Qui va ~ le chien de Benoît?
malade [malad] *m./f. adj.*	krank	– Pourquoi est-ce que ton chat est ~? – Je ne sais pas.
l'endroit [lɑ̃dʀwa] *m.*	der Ort	Ma chambre, c'est l'~ que je préfère.
avoir raison [avwaʀɛzɔ̃]	Recht haben	Mon frère veut toujours ~.
la nourriture [lanuʀityʀ]	die Lebensmittel	La ~ pour les chats, c'est cher.
le/la vétérinaire [ləveteʀinɛʀ]/[laveteʀinɛʀ]	der Tierarzt / die Tierärztin	La mère de Marie est ~.
grave [gʀav] *m./f. adj.*	schlimm	Ce n'est pas ~.
la patte [lapat]	die Pfote	Un chien, c'est un animal qui a quatre ~[3].

1 ramasse 2 garde 3 pattes

le métier [ləmetje]	der Beruf	Mon frère aime son ~.
l'acteur [laktœʀ] *m.* / *l'actrice* [laktʀis] *f.*	der/die Schauspieler/in	Être ~, c'est intéressant.
devenir (qc) [dəvniʀ]	(etw.) werden *wird wie* venir *konjugiert,* → Verbes, p. 143	Je veux ~ cuisinier, et toi?
sérieux [seʀjø] *m.* / *sérieuse* [seʀjøz] *f. adj.*	seriös, ernst	L'école, c'est ~.
possible [pɔsibl] *m./f. adj.*	möglich	Un 18 en français, c'est ~.
Jane Birkin [dʒɛnbiʀkin]	*englische Schauspielerin und Sängerin*	
l'art dramatique *m.* [laʀdʀamatik]	die Schauspielkunst	Ce soir, Charlotte va à son cours d'~.
sans [sã]	ohne	Elle habite dans une maison ~ enfants.
le chanteur [ləʃãtœʀ] *m.* / *la chanteuse* [laʃãtøz] *f.*	der/die Sänger/in	Tu aimes le ~ de «Louise Attaque»?
faciliter qc [fasilite]	etw. erleichtern	L'ordinateur, ça ~¹ la vie.

la chose [laʃoz]	die Sache	Manon et Tarik font beaucoup de ~² ensemble.
par exemple [paʀɛgzãpl] ⚠ for example	zum Beispiel	– Qu'est-ce qu'on fait maintenant? – On peut aller à la piscine, ~.
Charlotte Gainsbourg [ʃaʀlɔtgɛ̃zbuʀ]	*französische Schauspielerin, Tochter von Jane Birkin und Serge Gainsbourg*	
ils/elles commencent [il/ɛlkɔmãs]	sie beginnen *3. Pers. Pl. von* commencer	
commencer qc [kɔmãse] ⚠ *nous commençons*	anfangen, beginnen (→ p. 126/2)	Au collège, les cours ~³ à 8 heures.
tôt [to] *adv.* ⚠ tôt ≠ tard	früh	– Tu rentres à la maison maintenant? – Non, c'est encore trop ~.
on doit [ɔ̃dwa]	man muss	En sixième aussi, on ~ beaucoup travailler.
Isabelle Adjani [izabɛladʒani]	*französische Schauspielerin*	
penser [pãse]	denken	Je ~⁴ que l'exercice est facile.

Ludivine Sagnier [lydivinsaɲje]	*französische Schauspielerin*	
célèbre [selɛbʀ] *m./f. adj.*	berühmt	Tintin est aussi ~ en Allemagne.
depuis [dəpɥi]	seit	~ jeudi, j'ai un ordinateur.
longtemps [lɔ̃tɑ̃] *adv.*	lange	Mon frère téléphone toujours ~.
Versailles [vɛʀsaj]	*französische Stadt, südwestlich von Paris gelegen*	
le rôle [ləʀol]	die Rolle	Au théâtre, Valentin prend le ~ du monstre.
doubler qc [duble]	etw. synchronisieren	Un jour, je vais ~ des films français.
les films américains [lefilmameʀikɛ̃] *m. pl.*	die amerikanischen Filme	J'adore les ~.
le talent [lətalɑ̃]	das Talent	Ma sœur dit que Ludivine Sagnier a beaucoup de ~.
le plaisir [ləpleziʀ]	das Vergnügen, die Freude	Je fais du roller pour le ~.
ailleurs [ajœʀ]	woanders	Thierry ne veut pas travailler ~.

1 facilite 2 choses 3 commencent 4 pense

UNITÉ SUPPLÉMENTAIRE, SÉQUENCE 4

l'événement ou *évènement* [levɛnmɑ̃] *m.*	das Ereignis	Le spectacle des «Stereophonics», c'est l'~ de la semaine à Lyon.
il a marqué [ilamaʀke]	er hat geprägt *3. Pers. Sg.* passé composé *von* marquer	
marquer qn [maʀke]	jdn prägen	L'histoire du Gros Caillou ~ beaucoup ~¹ Paul.
l'année scolaire [laneskɔlɛʀ] *f.*	das Schuljahr	L'~ a 40 semaines.
le/la jeune [ləʒœn]/[laʒœn]	der/die Jugendliche	Le ~, là-bas, c'est mon frère.
ils ont répondu [ilzɔ̃ʀepɔ̃dy]	sie haben geantwortet *3. Pers. Pl.* passé composé *von* répondre	Nos correspondants allemands ~ à notre message.
la chose [laʃoz]	die Sache	– Qu'est-ce qu'on apprend à l'école? – Beaucoup de ~².
surtout [syʀtu]	vor allem	J'aime le cinéma, ~ les films avec Depardieu.
la chorale [lakɔʀal]	der Chor	Irène chante dans une ~.

ça a marché [saamaʁʃe]	das hat funktioniert/geklappt 3. Pers. Sg. passé composé *von* marcher	– Alors, ton interro, ça ~? – Oui, merci.
nous avons travaillé [nuzavɔ̃tʁavaje]	wir haben gearbeitet 1. Pers. Pl. passé composé *von* travailler	Samedi, nous n'~ pas ~.
la tournée [latuʁne]	die Tournee, die Gastspielreise	Olivia fait une ~ avec sa chorale.
le Beaujolais [ləboʒɔlɛ]	*Weingebiet, Teil der französischen Region Rhône-Alpes*	
Dijon [diʒɔ̃]	*politisches und wirtschaftliches Zentrum von Burgund*	
la fête [lafɛt]	die Party, die Fete, das Fest	Les ~³ de Manon sont toujours super.
important [ɛ̃pɔʁtɑ̃] *m.* / **importante** [ɛ̃pɔʁtɑ̃t] *f. adj.*	wichtig	Ma famille est très ~⁴ pour moi.
elle a été [ɛlaete]	sie ist gewesen 3. Pers. Sg. passé composé *von* être	L'interro ~ très facile.
on a mangé [ɔ̃namɑ̃ʒe]	man hat / wir haben gegessen 3. Pers. Sg. passé composé *von* manger	On ~ des abricots chez Valentin.

on a écouté [ɔ̃naekute]	man hat / wir haben gehört 3. *Pers. Sg.* passé composé *von* écouter	On ~ le CD de Michel.
on a fait [ɔ̃nafɛ]	man hat / wir haben gemacht 3. *Pers. Sg.* passé composé *von* faire	On ~ nos devoirs avec Paul.
la LAN partie [lalanparti]	die LAN Party *(Local Area Network) Action-, Simulations- und Strategiespiele werden auf Computern gespielt, wobei alle Rechner der Teilnehmer miteinander vernetzt sind.*	Tu vas à la ~ dimanche?
j'ai trouvé [ʒɛtruve]	ich habe gefunden 1. *Pers. Sg.* passé composé *von* trouver	J'~ la solution.
malade [malad] *m./f. adj.*	krank	Le prof de technologie est encore ~.
j'ai fait la cuisine [ʒɛfɛlakɥizin]	ich habe gekocht 1. *Pers. Sg.* passé composé *von* faire la cuisine	

faire la cuisine [fɛʀlakɥizin]	kochen	Ce soir, j'~⁵ pour mes sœurs.
quinze jours [kɛ̃zʒuʀ]	vierzehn Tage	
j'ai préparé [ʒɛpʀepaʀe]	ich habe vorbereitet *1. Pers. Sg.* passé composé *von* préparer	J'~ la fête avec Emmanuel.
l'œuf au plat [lœfopla] *m.*	das Spiegelei	Je n'aime pas les ~⁶.
j'ai regardé [ʒɛʀəgaʀde]	ich habe geschaut *1. Pers. Sg.* passé composé *von* regarder	Aujourd'hui, je n'~ pas ~ la télévision.
le livre de cuisine [ləlivʀdəkɥizin]	das Kochbuch	Papa, où est le ~?
j'ai appris [ʒɛapʀi]	ich habe gelernt *1. Pers. Sg.* passé composé *von* apprendre	J'~ la fable pour demain. Et toi?
elle est rentrée [ɛlɛʀɑ̃tʀe]	sie ist zurückgekommen *3. Pers. Sg.* passé composé *von* rentrer	Carole ~ tard.
j'ai invité [ʒɛɛ̃vite]	ich habe eingeladen *1. Pers. Sg.* passé composé *von* inviter	

inviter qn [ɛ̃vite] | jdn einladen | Ma sœur ~7 notre voisine pour son anniversaire.

il est venu [ilɛvəny] | er ist gekommen 3. Pers. Sg. passé composé *von* venir | Ton copain ~ en métro.

depuis [dəpɥi] | seit | ~ quand est-ce que tu apprends le français?

je suis parti(e) [ʒəsɥipaʀti] | ich bin gegangen 1. Pers. Sg. passé composé *von* partir |

la Normandie [lanɔʀmãdi] | *Gebiet in Nordwestfrankreich entlang des Ärmelkanals* |

je suis arrivé(e) [ʒəsɥizaʀive] | ich bin angekommen 1. Pers. Sg. passé composé *von* arriver |

il a dit [iladi] | er hat gesagt 3. Pers. Sg. passé composé *von* dire |

la surprise [lasyʀpʀiz] | die Überraschung | Salut! J'ai une ~ pour toi!

l'aérodrome [laeʀodʀom] *m.* | der Flugplatz | S'il vous plaît, où est l'~?

Deauville [dovil] | *berühmter Badeort am Ärmelkanal* |

nous sommes allé(e)s [nusɔmzale]	wir sind gegangen *1. Pers. Pl.* passé composé *von* aller	Paul et moi, nous ~ au cirque dimanche.
le baptême de l'air [ləbatɛmdəlɛʀ]	die Lufttaufe, der erste Flug	Mon ~ a été génial!
🔍 ***fantastique*** [fɑ̃tastik] *m./f.* *adj.*	phantastisch	Un 20 en physique? C'est ~!
bon appétit [bɔnapeti] (p. 122/1)	guten Appetit!	Voilà les frites! ~!

1 a marqué   2 choses   3 fêtes   4 importante   5 ai fait la cuisine   6 œufs au plat   7 invite / a invité

UNITÉ RÉVISION, Chapitre 1

enfin [ɑ̃fɛ̃]	endlich	~, te voilà!
les vacances [levakɑ̃s] *f. pl.*	die Ferien	Paul n'aime pas l'école, il préfère les ~.
🔍 ***le choix*** [ləʃwa]	die Wahl	Tu prends une banane ou une orange? Tu as le ~.

la raison [laʀɛzɔ̃]	der Grund	
passer en [paseɑ̃]	versetzt werden in *die nächste Klasse*	Lucie ~¹ cinquième.
l'excursion [lɛkskyʀsiɔ̃] *f.*	die Exkursion, der Ausflug	Mardi, nous allons faire une ~ à la mer.
le Parc des oiseaux [ləpaʀkdezwazo]	der Vogelpark	La classe de Lucie va au ~.
l'aéroport [laeʀɔpɔʀ] *m.*	der Flughafen	– Où est l'~ de Lyon? – Regardons sur le plan.
proposer qc (à qn) [pʀɔpoze]	(jdm) etw. vorschlagen	Qu'est-ce qu'on regarde? Je ~² un film sur Berlin.
la nature [lanatyʀ]	die Natur	Patrick aime la ~.
l'oiseau [lwazo] *m.* / **⚠ *les oiseaux*** [lezwazo] *pl.*	der Vogel	Julie fait un film vidéo sur les ~³.
longtemps [lɔ̃tɑ̃] *adv.*	lange	
devenir qc [dəvniʀ]	etw. werden	Je veux ~ policier.
le pilote [ləpilɔt]	der/die Pilot/in	Le ~ est très sympa.

la lune [lalyn]	der Mond	Valentin regarde longtemps la ~.

être dans la lune = nicht bei der Sache sein, mit seinen Gedanken ganz woanders sein

le port [ləpɔʀ]	der Hafen	Le ~ de Marseille est très grand.
la mer [lamɛʀ]	das Meer	J'adore la ~.
Ah bon. [abɔ̃]	Ach so.	– Le garçon avec Tarik, c'est Philippe? – Non, c'est Paul. – ~.
le colibri [ləkolibʀi]	der Kolibri	Un ~, c'est petit.
l'appareil numérique [lapaʀɛjnymeʀik] *m.*	die Digitalkamera	– Un ~, ça coûte combien? – Je ne sais pas.
voter pour qn/qc [vɔte]	für jdn/etw. abstimmen	Qui ~⁴ pour le cirque et qui ~ pour le cinéma?
l'avion [lavjɔ̃] *m.*	das Flugzeug	Mes frères jouent avec un ~.

1 passe 2 propose 3 oiseaux 4 vote

UNITÉ RÉVISION, Chapitre 2

Ça commence mal. [sakɔmɑ̃smal]	Das fängt ja gut an.	
il pleut [ilplø]	es regnet.	C'est une catastrophe! C'est dimanche et ~.
le monde [ləmɔ̃d]	die Welt	
tout le monde [tuləmɔ̃d]	alle, jedermann	
depuis [dəpɥi]	seit	Marie apprend l'anglais ~ 3 ans.
avoir mal au cœur [avwaʀmalokœʀ]	Übelkeit empfinden, schlecht sein	– Ça va? – Non, j'~¹.
le car [ləkaʀ]	der Reisebus	Le ~ arrive.
donner qc à qn [dɔne]	jdm etw. geben	Tu ~² l'atlas à Tarik, s'il te plaît?
le bonbon [ləbɔ̃bɔ̃]	das Bonbon	Marie a des ~³ dans sa poche.
déprimé [depʀime] *m.* / *déprimée* [depʀime] *f. adj.*	deprimiert, niedergeschlagen	Le policier est ~ parce qu'il ne trouve pas le bandit.

partir [paʀtiʀ]	*hier:* wegfahren, in den Urlaub fahren	Vendredi, je ~⁴ avec ma famille.
la montagne [lamɔ̃taɲ]	die Berge, das Gebirge	Arthur aime la mer mais il préfère la ~.
la colonie de vacances [lakɔlɔnidəvakɑ̃s] / *la colo* *fam.*	das Ferienlager *für Kinder von 6 bis 12 Jahren*	Martin va en ~ à la mer.
Biarritz [biaʀits]	*berühmter Badeort am Atlantik*	

Merke dir folgende Ausdrücke:

partir **à** la mer	partir **en** vacances	partir **chez** ses grands-parents
partir **à** la montagne	partir **en** colonie de vacances	
partir **à** Lyon	partir **en** France	

rester [ʀɛste]	bleiben	Valérie ne va pas bien. Elle ne va pas à l'école, elle ~⁵ à la maison.
le mois [ləmwa]	der Monat	Je vais rester en France pendant un ~.
sans [sɑ̃]	ohne	Paul rentre ~ sa sœur.
la fête [lafɛt]	die Party, die Fete, das Fest	Samedi, c'est mon anniversaire. Je fais une ~.

 *inviter qn* [ɛ̃vite]   jdn einladen   C'est l'anniversaire de Lucie. Elle ~⁶ ses amis.

apporter qc [apɔʀte]   etw. mitbringen   Pour l'excursion, Paul ~⁷ son appareil numérique.

peut-être [pøtɛtʀ]   vielleicht   Mélanie va ~ apporter un cédérom à la fête.

1 ai mal au cœur 2 donnes 3 bonbons 4 pars 5 reste 6 invite 7 apporte

UNITÉ RÉVISION, Chapitre 3

le soleil [ləsɔlɛj]   die Sonne   Aujourd'hui, il n'y a pas de ~.

C'est déjà ça. [sedeʒasa]   Wenigstens etwas. / Das ist ja schon etwas.

si [si] *adv.*   so

joli [ʒɔli] *m.* / *jolie* [ʒɔli] *f.*   hübsch, niedlich   Ton dessin est très ~.

le guide [ləgid]   der Fremdenführer, der Reiseführer   Le ~ raconte une légende sur la ville.

observer qn/qc [ɔbsɛʀve]	jdn/etw. beobachten	Les élèves ~¹ les éléphants.
étonner qn [etɔne]	jdn beeindrucken, verblüffen	Patrick ~² Sylvie avec son idée.
l'Afrique [lafʀik] *f.*	Afrika	
la soif [laswaf]	der Durst	Vous avez ~?

avoir faim = Hunger haben   avoir soif = Durst haben

la cafétéria [lakafeteʀja]	die Cafeteria	J'ai soif. Je vais à la ~.
la glace [laglas]	das Eis	Stéphanie mange une ~ au chocolat.
la pomme [lapɔm]	der Apfel	Moi, je n'aime pas le coca. Je prends un jus de ~³.
le coca [ləkɔka]	die Cola	– Qu'est-ce que vous prenez? – Un ~, s'il vous plaît.
le sandwich [ləsɑ̃dwitʃ]	das belegte Brötchen, das Sandwich	Marion veut acheter un ~ à la cafétéria.
le jambon [ləʒɑ̃bɔ̃]	der Schinken	

le fromage [ləfʀɔmaʒ]   der Käse   En France, on mange beaucoup de ~.

⚠ *In Frankreich wird am Ende einer Mahlzeit häufig Käse angeboten. Dabei kann der Käse entweder die Nachspeise ersetzen oder es gibt erst Käse und dann noch ein süßes Dessert.*

la boutique [labutik]   die Boutique, der Shop

l'image [limaʒ] *f.*   das Bild   Sur le cédérom «Encarta», il y a beaucoup d'~[4].

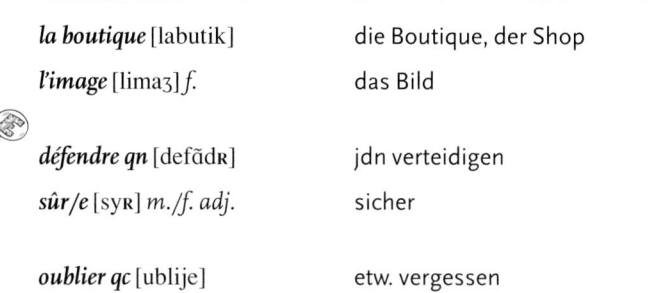

défendre qn [defɑ̃dʀ]   jdn verteidigen   L'éléphant ~[5] la souris contre le chat.

sûr/e [syʀ] *m./f. adj.*   sicher   – Demain, on a une interro d'anglais.
    – C'est ~?

oublier qc [ublije]   etw. vergessen   Ma copine ~[6] souvent son livre de français.

formidable [fɔʀmidablə] *m./f.*   hervorragend, toll   Le film «Matrix» est ~.

Bonnes vacances! [bɔnvakɑ̃s] *f.pl*   Schöne Ferien!

1 observent 2 étonne 3 pommes 4 images 5 défend 6 oublie

L'appartement *m.* die Wohnung

Les pièces	die Zimmer
la chambre	das (Schlaf-)Zimmer
le couloir [ləkulwaʀ]	der Flur, der Korridor
la cuisine	die Küche
l'escalier [lɛskalje] *m.*	die Treppe
la salle de bains	das Badezimmer
la salle de séjour	das Wohnzimmer
les toilettes [letwalɛt] *f. pl.*	die Toilette

Les meubles	die Möbel
l'armoire *f.*	der Schrank
le bureau [ləbyʀo]	der Schreibtisch
la chaise	der Stuhl
l'étagère *f.*	das Regal
le fauteuil [ləfotœj]	der Sessel
le lit	das Bett
le sofa [ləsɔfa]	das Sofa
la table	der Tisch

Dans la chambre	im Zimmer
la lampe	die Lampe
l'ordinateur *m.*	der Computer
le réveil [ləʀevɛj]	der Wecker
les rideaux [leʀido] *m. pl.*	der Vorhang, die Gardine
le tapis [lətapi]	der Teppich
la télé *fam.*, la télévision	der Fernseher
le téléphone	das Telefon

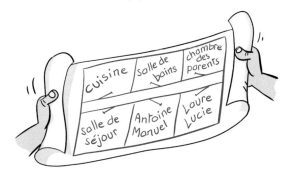

Cuisine   Salle de bains   chambre des parents

Salle de séjour   Antoine Manuel   Laure Lucie

L'an *m.* das Jahr

La semaine	die Woche
lundi	Montag
mardi	Dienstag
mercredi	Mittwoch
jeudi	Donnerstag
vendredi	Freitag
samedi	Samstag
dimanche	Sonntag

Le jour	der Tag
le matin	der Morgen, morgens
midi *m.*	12.00 Uhr, Mittags
l'après-midi *m./f.*	der Nachmittag
le soir	der Abend
minuit *m.*	Mitternacht
la nuit [lanɥi]	die Nacht

MAI

						anniversaire papa
12 h mémé			14 h marché aux puces (anniversaire papa)			
16 h cinéma Lucie	17 h 30 cours de trampoline			15 h cirque	16 h installer ordinateur chez Tarik	
		19 h tété				
25 dimanche	26 lundi	27 mardi	28 mercredi	29 jeudi Ascension	30 vendredi	31 samedi

Les mois	die Monate
janvier	Januar
février	Februar
mars	März
avril	April
mai	Mai
juin	Juni
juillet	Juli
août	August
septembre	September
octobre	Oktober
novembre	November
décembre	Dezember

Les saisons *f.* **Die Jahreszeiten**

le printemps [ləpʀɛ̃tɑ̃]   der Frühling

l'été [lete] *m.*   der Sommer

l'automne [lotɔn] *m.*   der Herbst

l'hiver [livɛʀ] *m.*   der Winter

La classe   die Klasse

le cahier	das Heft
le cahier de textes	das Hausaufgabenheft
le cartable [ləkaʀtabl]	die Schultasche
la chaise	der Stuhl
le cours	die Unterrichtsstunde
la craie [lakʀɛ]	die Kreide

les devoirs *m. pl.*	die Hausaufgaben
l'élève *m./f.*	der Schüler / die Schülerin
l'emploi du temps *m.*	der Stundenplan
la gomme	der Radiergummi
l'interro *f. fam.*, l'interrogation *f.*	die Klassenarbeit
la leçon	die Lektion
le livre	das Buch
le livre de français	das Französischbuch
le/la prof *fam.*, le professeur	der Lehrer, die Lehrerin
la récréation	die Pause
la règle	das Lineal
la salle de classe	das Klassenzimmer
le stylo	der Füller, der Kugelschreiber
la table	der Tisch
le tableau	die Tafel

le rap de Manon

la craie

le tableau

la gomme

la règle
le stylo

le cartable

le livre
de français

le cahier

continuez	macht weiter!
écoutez	hört zu!
écrivez	schreibt!
fermez	macht zu!, schließt!
lisez	lest!
ouvrez	macht auf!, öffnet!
regardez	schaut!
répétez	wiederholt!

La famille   die Familie

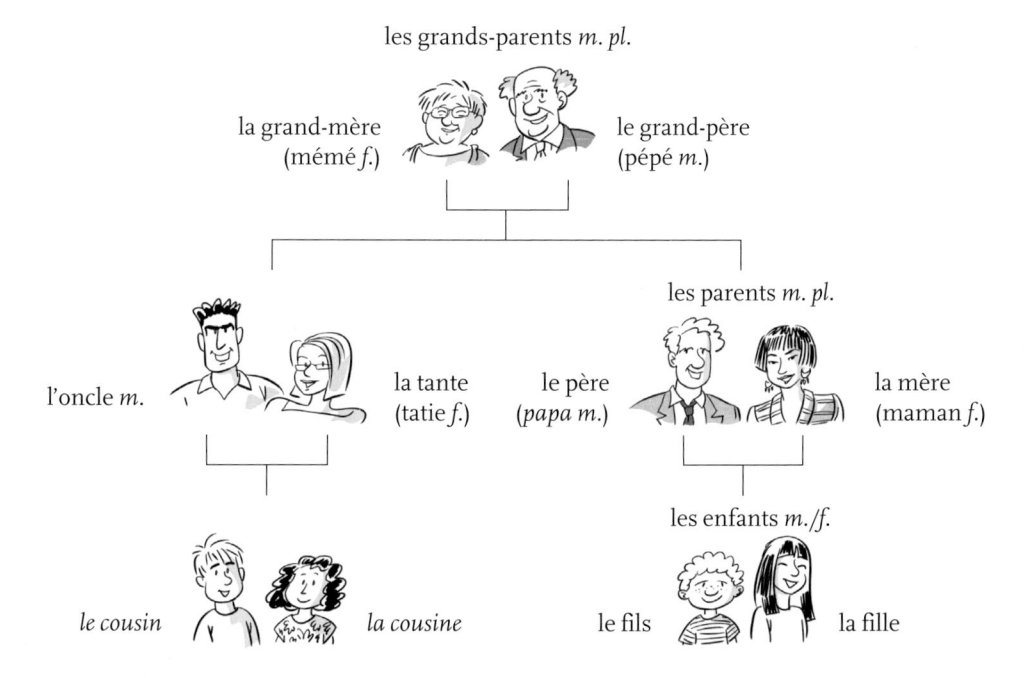

les grands-parents *m. pl.*

la grand-mère
(mémé *f.*)

le grand-père
(pépé *m.*)

les parents *m. pl.*

l'oncle *m.*

la tante
(tatie *f.*)

le père
(*papa m.*)

la mère
(maman *f.*)

les enfants *m./f.*

le cousin

la cousine

le fils

la fille

La maison   das Haus

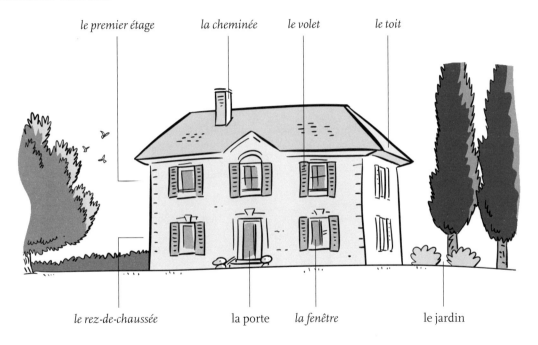

le premier étage

la cheminée

le volet

le toit

le rez-de-chaussée

la porte

la fenêtre

le jardin

La nourriture   Die Lebensmittel

boire	**trinken**
J'ai soif	Ich habe Durst
le coca	die Cola
l'eau *f.*	das Wasser
le jus de fruits	der Saft
la limonade [lalimɔnad]	die Limonade

manger	**essen**
J'ai faim	Ich habe Hunger
l'andouillette *f.*	kleine Wurst aus Innereien
la choucroute	das Sauerkraut
la crème	die Sahne
la crêpe	der *dünne* Pfannkuchen, die Crêpe
la farine	das Mehl
le gâteau	der Kuchen
le poisson	der Fisch
le poulet	das Hühnchen
les truffes au chocolat *f. pl.*	die Schokoladentrüffel

le petit-déjeuner	**das Frühstück**
prendre le petit-déjeuner	frühstücken
la baguette	das Baguette
le beurre	die Butter
le café	der Kaffee
les céréales [leseʀeal] *f. pl.*	Cornflakes, Müsli
le chocolat [ləʃɔkɔla]	Kakao; Schokolade
la confiture [lakɔ̃fityʀ]	die Konfitüre
le fromage	der Käse
le jambon	der Schinken
le lait [ləlɛ]	die Milch
le miel	der Honig
l'oeuf *m.*	das Ei
le pain	das Brot
le pain au chocolat	das Schokocroissant
le sucre [ləsykʀ]	der Zucker
le yaourt [ləjauʀt]	der Joghurt

Les légumes *m. pl.*	**das Gemüse**
la carotte	die Möhre
le concombre	die Gurke
l'oignon *m.*	die Zwiebel
le poivron	die Paprikaschote
la pomme de terre	die Kartoffel
la tomate	die Tomate

Les fruits *m. pl.*	**das Obst**
l'abricot *m.*	die Aprikose
la banane	die Banane
le citron	die Zitrone
l'orange *f.*	die Orange
la pêche	der Pfirsich
la pomme	der Apfel

La ville   die Stadt

l'aéroport [laeʀopɔʀ] *m.*	der Flughafen
la boutique	die Boutique, der Shop
le café	das Café, die Kneipe
la capitale [lakapital]	die Hauptstadt
la gare	der Bahnhof
l'hôpital *m.*	das Krankenhaus
l'immeuble *m.*	das Gebäude
le magasin	das Geschäft
le marché aux puces	der Flohmarkt
le métro [ləmetʀo]	die U-Bahn
le musée	das Museum
le parc	der Park
le restaurant	das Restaurant
le train [lətʀɛ̃]	der Zug
le tram [lətʀam] *fam.*, le tramway [lətʀamwɛ]	die Straßenbahn

J'habite à …	Ich wohne in …
Je viens de …	Ich komme aus …
visiter qc	etw. besichtigen

Un quartier   ein Viertel

le bus

la rue   *la voiture*

Les prépositions die Präpositionen

Les prépositions de lieu
Die Präpositionen des Ortes

aller	à	la gare	zum Bahnhof
	à	la maison	nach Hause
	au	cinéma	ins Kino
	chez	Manon	zu Manon
être	à	Lyon	in Lyon
	à	la maison	zu Hause
	au	lit	im Bett
	chez	Lucie	bei Lucie
	dans	le sac	in der Tasche
	derrière	l'ordinateur	hinter dem Computer
	devant	la télé	vor dem Fernseher
	en	cinquième	in der 7. Klasse
	en face de	la souris	gegenüber der Maus
	entre	deux bouteilles	zwischen zwei Flaschen
	près de	Paris	in der Nähe von Paris
	sous	l'armoire	unter dem Schrank
	sur	l'étagère	auf dem Regal

Les prépositions de temps
Die Präpositionen der Zeit

à	deux heures	um zwei Uhr
après	les maths	nach Mathe
avant	la gym	vor Sport
en	juillet	im Juli
jusqu'à	cinq heures	bis 5 Uhr
pendant	les vacances	während der Ferien

Autres prépositions
Andere Präpositionen

à	vélo	mit dem Fahrrad
avec	Pauline	mit Pauline
de	Tarik	von Tarik
pour	Manon	für Manon
pour	la musique	wegen der Musik
sans	Valentin	ohne Valentin